Perspectives on Pragmatism: Classical, Recent, & Contemporary
Robert Brandom

プラグマティズムはどこから来て、どこへ行くのか

下巻

著者　ロバート・ブランダム
訳者　加藤隆文・田中凌
朱喜哲・三木那由他

現代プラグマティズム叢書

勁草書房

プラグマティズムはどこから来て、どこへ行くのか〔下巻〕

目次

【下巻】

【上巻】

目次

凡例

一　本書は Brandom, R. (2011). *Perspectives on Pragmatism: Classical, Recent, and Contemporary.* Cambridge, MA: Harvard University Press の全訳である。

一　カッコの使用規則は以下の通りである。
「　」引用符、論文名に用いる。

『　』書名、引用符内引用符に用いる。

〔　〕訳者による補足をする際に用いる。

（　）原著で用いられている（　）記号をこのカッコで処理する。

［　］原著で用いられている［　］記号をこのカッコで処理する。また、引用文の省略箇所は［…］で表す。

一　原著の（　）記号を反映した（　）とは別に、必要と判断した場合は原語を（　）内に示した。また、論文名や書名、人名は、本書本文内の初出時にその英字表記を（　）内に示した。

一　強調を表す原文中のイタリック体は、訳文の右側に傍点（「、」）を付して示した。ただし、外来語であることを表すイタリック体については、特別な処理は施していない。

一　原文で太字で強調してある箇所は、訳文でも太字で示した。また、原文では大文字で表記することによって強調してある箇所についても、訳文では太字で示した。

一　原文でアンダーラインが付されている箇所は、訳文では右側に傍線を付して示した。

一　原文中、意図的に単語の頭文字を大文字で表記することによりそれがキータームであることを表していると思われる場合には、当該表現の訳語に〈　〉を付して示した。

一　原著の注は本文右側に（1）、（2）……などの番号を付し、各章末に示した。また、訳注は本文右側に［1］、［2］……などの番号を付し、各章末の原注の後に示した。

一　引用文の転記ミスや典拠表示のミスなどが原著中にいくつか見られたが、これらの軽微なミスについては、気づいた限りで、特に断らずに修正した。

一　原著に引用された著作で、既に日本語訳のあるものについては、逐一ページ数等を示してはいないが、訳出にあたって大いに参考にさせていただいた。参照した邦訳書は注の文献情報にカッコ書きで追加して示してある。ここに記して感謝します。

第四章　言語的プラグマティズムと規範についてのプラグマティズム

──消去的唯物論からプラグマティズムまで、ローティが遺したひとすじの思想の軌跡

1　序論

リチャード・ローティはよく自分をアイザイア・バーリン（Isaiah Berlin）が言う「ハリネズミ[1]」の絶好の見本なのだと称していた。実のところ、彼はただひとつのアイデアだけを抱き続けていたのだった。認識論、形而上学、心の哲学、哲学史、さらにより広範な文化史まるごと、そして文学、政治学等までをも含むローティが扱った話題の幅広さと多様性を考えると、こんな主張は文字通り信じがたいと思われることだろう。しかし、私が思うにそこには真実の核心がある。というのも、『哲学と自然の鏡』(1)以前のごく初期から、ローティの思想が描いてきたほとんど弾道的といってよい軌道こそが、彼をのちの成熟した形態のプラグマティズムへと導いたからである。彼の後期の仕事は、初期の仕事から引き出すことができた教訓についての長きにわたる思索の結果と見ることができる。ローティは自らの論証の論理に、その導く先がどこだろうと躊躇なくしたがい、ほとんどの思想家の

裡《うち》なるコンパスのスイッチが〔前提から帰結を導く〕前件肯定から〔帰結から前提を斥ける〕後件否定へと転換しただろう地点のずっと先まで、帰結を導き続けたのである。実際、ローティとプリンストン大学の同僚だったデイヴィッド・ルイス（David Lewis）とに共通していたひとつの特徴は、ルイスの印象的な言い回しを借りるならば「疑いのまなざしを向けることは論証ではない（an incredulous stare is not an argument）」とでも言えるようなことを聴衆に思い出させたことが同世代のほかの哲学者たちよりもずっと多かったという点である。もちろん、こうしたまなざしを引き起こすのが常であるような、熱狂的で決然とした、妥協なきひたむきさこそが人類の最も偉大な哲学的大冒険のいくつかの源泉だった。それは、バルーフ・スピノザ（Baruch Spinoza）、トマス・ホッブズ（Thomas Hobbes）、ジョージ・バークリー（George Berkeley）、そしてカントやヘーゲル、フリードリッヒ・ニーチェ（Friedrich Wilhelm Nietzsche）を思い浮かべるだけでわかるだろう。

ローティが最終的にたどりついた地点が何処なのかは、よくわかっている。(2) 彼は、哲学者が広範な文化に対して過去になしてきた貢献の最たるものは啓蒙思想（Enlightenment）だと考えていた。啓蒙思想による、捉え方の一大変革において重要だったのは、人々のおこないを統制する規範が人ならざる何ものかにその源泉を持っている（それらは神の意思によって私たちに課せられている）と考えることを辞めて、私たち自身がそうした規範に責任を持つ必要があると考えるようになったことである。言い換えれば、私たちはどのような存在になりたいのか、そしてそれゆえ何をなすべきなのかを互いに熟議し、決断する必要があると考えるようになったのである。ローティは、最終的に第二の啓蒙思想を求めるようになる。それは第一の啓蒙思想が、実践的領域を解釈する伝統的方法に対して加えた建設的な批判に生命を吹き込んだのと同じ洞察を、知識に関する私たちの理論的概念にも拡張しようとしたものだった。ここでもまた私たちは、人ならざる何かに責任を負っている存在としての人間という描像から自らを自由にする方法を見つける必要があるのだとローティは考える。理論的な側面において、自分たちを拘束する人ならざる権威らしきものとして私たちが発見するのは、神ではなく客観的な〈実在〉である。もちろん、概念をどのように捉え直したとしてもデューイが「問題状況(problematic situation)」と呼んだ〔信念と実在との〕摩擦から私たちが解放されることはない。しかし、私たちはそうした制約を、自分たちの実践のひとつの特徴として理解すべきであって、実践の外部に存在し、そこから私たちを束縛するような何ものかとして理解すべきではないのである。私たちは、何を言うべきかとともに熟議し、決断する必要がある。それはちょうど第一の啓蒙思想が私たちに、何をなすべきかとともに熟議し、決断する必要があると教えてくれたのと同じである。理由は両者に共通している。つまり、それ以外の何ものも自己決定する生物としての私たちの尊厳にふさわしくないのだ。これこそが第一章で論じた世紀転換期における古典的プラグマティズムによる啓蒙思想の、ローティによる二〇世紀後半におけるネオプラグマティズム版なのである。

2　消去的唯物論と規範についてのプラグマティズム

どのような思考の道筋が、ローティをこの驚くべき結論へと駆り立てたのだろうか。私の仮説は次のようなものだ。それは彼が一九七〇年にはすでに至っていた消去的唯物論の背後にあったアイデアに端を発していたのだろう。左派の家系[2]に生まれたローティは、常に概念的な革命を志していた。彼の最初のターゲットは心の哲学であり、そこでローティは古式ゆかしい心身問題に対する正真正銘の新しい応答を独力で考え出したのだった。(3) ニーチェはヘーゲルから言い回しを拾って、よく知られているように「神は死んだ」と告げた。これが目新しかったのはその無神論ではなかった。まるでちがうのである。それはむしろ神が存在していたことへのコミットメントであり、しかし、まさにその存在そのものが私たちの思考と実践とに依存していたというのだ。私たち近代人がかつてと異なるやり方で生活し、行動し、信念を持ちはじめたとき、神は私たちの生活から立ち去ってしまったのである。そして、そのラディカルな思想はさらに進み、神はすっかり消え失せることとなる。ちょうど同じように、ローティは（例えばウィトゲンシュタイン的行動主義者とは対照的に）私たちはデカルト的な心を現に持っているのだと主張した。しかし、その存在論的な事実は、私たちの社会的な実践に依存しているのである。私たちがそうした実践を、自分たちが「心を喪失する」ことを伴うだろうよう変革すべきだということは理解可能であり、おそらくは望ましいことでさえあるのだ。

ローティは、デカルトこそが（私たちの「言語論的転回」に先立つ「主観的転回」の一部である）心についての近代特有の捉え方を導入したのだとみなす。デカルト的な「思惟」という属は、それなしでは思考や感覚の数だけ多様になってしまっていたはずの現象たちをひとまとめにするものだが、それはローティの古典的論文のタイトルでもある「心的なものの基準としての訂正不可能性」（"Incorrigibillty as the Mark of the Mental"）から定義される。私に生じている心的出来事について、まさにそのときになされた誠実な一人称報告をくつがえすような地位に立てる者など存在しない。（言うまでもなく、この〔訂正不可能性という〕特徴のためにウィトゲンシュタインは、私たちのいかなる発話も、〔それが事物の報告であるならば公共的に訂正可能でなければならないので〕このような私秘性を備えた報告を事物の報告と解することの理解可能性を否定する。）ローティにとって決定的な考えは以下のふたつの要素からなっている。ひとつの要素は、この意味での訂正不可能性は規範的な現象であり、特定の報告が持つ反論を許さない権威の問題であるという発想だ。もうひとつの要素は、もともと彼が啓蒙思想に帰していた社会的プラグマティズムの発想で、権威のような規範的身分《ステータス》は常に社会的な実践によって制定されるというものである。私たちの発話のいくつかが報告であると同時に反論を許さない権威を備えるはずだというのは、〔ウィトゲンシュタインに反して〕非の打ちどころなく理解可能なのだ。しかしながら、それは報告に先立って持っているそれ自身の形而上学的ないし存在論的な性格のゆえではない。そうではなく、ある一群の私たちの発話を反論を許さない権威を備えた報告として、すなわち訂正不可能なものとして取り扱うためには何をするのでなければならないかということをまさに述べることができるからなのである。それら〔発話〕をそのように取り扱うことが、こうした規範的身分を制定しているのだ。けれども、それ〔規範的身分〕は私たちの創造物である。ローティは、古代ギリシア人はデカルト的な心を持っていなかったと考える。そして、この独特な規範を制定するように自分たちの実践を調整することによって私たちが与えたものは、私たちが取り除くこともできるのである。もし私たちがそれまで訂正不可能だと取り扱われていた報告に異議を唱えられるように、別の種類の証拠が確かに証拠としての重みを持つことを許容するべく実践を変更したならば。アイロニカルかつラディカルなことに、ローティはここでデカルト主義の最も独自で深遠な〔心という〕聖域を、物事を変容する〔そして訂正する〕という力が行使される対象へと貶めるのだが、この力は例えば彼お気に入りの詩人イェイツ（William Butler Yeats）が次の一節で詠ったように〔そもそもは〕心が他の事物に対して行使するとされてきたのである。

> 一切は夢であって、この実利的で、実にばかげた、豚のような
> その一腹のこのような世界は、とても堅固に見えても、精神がテーマを変えるだけで、
> たちまちかき消えるに違いないことを立証した、神に任ぜられたバークリー[4]

デカルト的な心は実在するが、しかしそれは私たちの変容可能な社会的実践における、偶然であえて選択してもしなくてもよい産物なのだ。

　私の考えでは、この地点においてローティは彼がのちに「ボキャブラリー」と呼ぶようになったものと存在論とのあいだの関係についての、長きにわたる探究を開始したのである。消去的唯物論の例からわかったように、この関係はあまりに複雑で、事物のなんらか客観的なあり方はそれについて私たちが何を言うべきかに対する権威を備えているという「理論の適合方向」に訴えることでは把握されない。その先の彼の道程は、規範性というレンズを通して存在論を見ること、および規範性を社会的プラグマティズムのやり方で理解することを通じて導かれたのである。こうした戦略面での方法論におけるコミットメントによって提供された視座からは、三つの区分を備えた存在論が立ち現れる。まず主観的（デカルト的）な事物とは、知識を備え、行為する個々の主体がそれに対する反論を許さ

ない権威を持つところのものである。次に社会的な事物とは、共同体がそれに対する反論を許さない権威を持つところのものである。ゆえに、例えばクワキウトル族において通用している歓迎のジェスチャーがどのようなものであるかについて彼らが間違っていると主張することは理解可能ではない。あるジェスチャーを歓迎として理解したり、そう取り扱ったりする彼らの共同的な実践的態度を除いては、社会的な適切性に類するものについての事実は存在しないのである。最後に、客観的な事物とは、個々人と共同体のいずれもそれに対する反論を許さない権威を持っておらず、発話者や考える者がそれらに責任を負っているという規範的な意味でそうした事物についてのものとみなされる主張に対して、それら〔事物〕自身が権威を行使するところのものである。

3 主観的なものについてのプラグマティズムから客観的なものについてのプラグマティズムへ

いまやローティをその初期から後期の思考へと導いた立論の筋道についての私の主たるテーゼは、より注意深く定式化することができる。私見では、ローティはこの三部分からなる存在論の主観の領域について〔初期に〕おこなったのと基本的に同じ考察を、〔後期には〕客観の領域に対して、適宜修正を加えたうえで適用するようになったのである。というのも、ひとたび存在論的な区分が権威と責任という規範的な観点から描き出されたならば、規範についての社会的プラグマティズムとは社会的な存在論的カテゴリーに対して、明らかに実質的なカテゴリー上の特権を付与することを意味するからである。〔社会的〕プラグマティストは、三つの存在論的カテゴリーを区別する規範的身分、つまり三者それぞれの特徴をなす権威と責任の構造というものは、それ自身が社会的なもののカテゴリーに該当すると考える。多種多様な主張をしたり、それに反対したりするための規則と実践は、当の〔社会的な〕ボキャブラリーを用いる言語共同体に属している。そういうわけで、個人的－主観的、社会的－間主観的、客観的といった存在論的な種類のなかでは、社会的なものこそが筆頭に立っているのである。（遅くともマーベリー対マディソン事件以来、アメリカ政府における行政府、立法府、司法府各々の権限の適正な範囲を決定する究極的な権威をつかさどっている司法と対比せよ[3]。）

ローティが消去的唯物論で主観的なものに対して打ったのと同じ手を客観的なもののカテゴリーに対して打とうとしたならば、どのような立場に至るのだろうか。私は、ローティが実のところふたつの立場のあいだで揺れていると思う。ここでローティの見解には、常識外れの度合いが高いものこそあれ低いものなどないということを思い出すのが重要だ。常識外れの度合いが高い見解とは、客観性を構成する権威と責任の構造が実のところ整合的ではない、というものである。プラグマティズムの観点からこうした構造が必要とするものを考えたならば、私たちにはそんな構造を制定することなどできない、ということがわかる。というのも、ここで必要とされるのは、人ならざる何ものか、つまりただそこに在るような、ウィトゲンシュタインの言うところの「ただの木片と考えられている標識」のたぐいに属する、それ自体としては規範的に不活性な（inert）事物に対して権威を認めることだからである。かなり多くのローティのレトリックが、彼をこのような見解にコミットさせているように思わせる。理解可能であるものとは、あれやこれやに関する認知的で理論的な合意である（それらが偶然で部分的、一時的なものであるにせよ)。しかし、私たちと会話をはじめることができず、理由を与えたり求めたりすることもできない何ものかが、どうにかして私たちは何を述べるべきなのかを指令するという発想は、いつの日か理解可能になるような代物ではない。これは、私たちが究極的には非合理的な権威に従属している(責任を負っている)という発想なのである。この権威は、まさにその非合理性のゆえに、それが認知的な内容を持つということが理解不可能なのだ。近代の哲学的伝統が解釈してきたような(ただの木片としての)実在とは、合理的な権威を行使するには不適当な種類のものである。なぜなら、それは私たちが互いに対しておこなっていることだからである。

これは第一の啓蒙思想から神について私たちが学んだはずの教訓であり、この教訓を客観的実在に対してどう適用するかは第二の啓蒙思想が教えてくれるだろう。〈客観的実在〉とは、〔神の〕次に私たちがひざまずく相手として、このたびは教会ではなく科学によって推されている候補なのである。この〔客観的実在の権威は理解不可能とする〕見解のうちに危険な非理性主義(つまり、外在的な人ならざる事物による制約という発想を拒絶することは、互いに理由を与えたり求めたりすることにおいて示される制約という発想をも私たちがもはや理解できないことを意味している、という理路)を見てとった者たちから、知的な資質を問われる攻撃を受けてからというもの、ローティはしばしば物体はそれ自体の運動原理を備えていると断言したかどで背徳者として処断された最初期の啓蒙思想家《フィロゾーフ》のことを思っては慰めを得ていた(5)。〔第一の啓蒙において〕私たちは結局のところ、その〔運動を引き起こす〕機能を神から世俗的な領域へと格下げすることに関わった無神論が、野放図な背徳主義を必ずしも引き起こすわけではないということを学んだのである。〔第二の啓蒙でも〕またいつの日か、私たちは当初のおそれを脇に置くことを学び、そして客観性という規範的構造と、そもそも私たちの実践の特徴を説明するために措定されたものであって、その特徴を新たに解釈し直して生きていくことをも学ぶことができるだろう。

4　規範についての社会的プラグマティズムのもうひとつの応用

しかし、これは目下の件に先述した教訓を応用するただひとつの方法ではない。ほかのあらゆる事実に加えて、神が私たちを創造したという（それが事実だとすれば）事実であっても、そうした単なる事実が私たちを統べる道徳的な権威を神に付与し、私たちのあるべき姿と望ましい生き方を決定するのに十分だという考えは理解不能である、と私たちが気づいたのは、おそらく文化的進歩なのだろう。結局のところ、われらの主という考え方に分かちがたく織り込まれていた二者〔事実と規範〕の結びつきについて、封建時代以降の私たちはいったいどうやって理解できるというのだろうか。しかし、もし元祖の啓蒙思想ではなく消去的唯物論にモデルを求めるならば、また異なる教訓が立ち現れてくるだろう。というのも、消去的唯物論の主張とは、心的出来事を訂正不可能なものとして制定する個々人の主観的な権威の構造というものを理解不能だとする主張とはまったく異なっていたからである。それどころか反対に、私たちがその構造を制定し、そうすることでそのたぐいの権威を行使するような事物の存在論的カテゴリーを制定するためには、私たち自身が互いをどう捉えたり、取り扱ったりしなければならないのか、ということについて私たちは正確に理解できる。消去的唯物論の主張はむしろ、当該の構造は偶然であえて選択してもしなくてもよいものであり、したがってまたそれとは別の権威の構造を制定するように私たちの実践を変更することは可能で、状況次第では望ましいことでさえあるというものであった。

そうした態度を、客観性を構成する規範の構造に対してとるとしたら、どうなるだろうか。この路線であれば客観性という観念が意味を持つことは否定されないはずである。むしろ、私たちは次のようなことを調べようとするはずだ。すなわち、どういった社会的実践の構造であれば、そこで私たちが自分たちの振る舞いを規範的に評価するような特別な次元を制定したことになると言うに値するだろうか。なお、その次元において、私たちの振る舞いが正しいものとなっているのかを決定する権威は(概して)人ならざるものである事物に委ねられており、それによってその事物こそがこの規範的な意味において私たちがそれについて語り、考える当の対象となる。実践のこうした規範的で社会的な構造がひとたび特定されたならば、私たちはこの構造を、少なくとも理解可能な代替案を持つという意味であえて選択してもしなくてもよいものと見ることができるのかどうか確認しようとするはずだ。そして、その構造を体現している実践を変えたり、捨てたりしてまるで異なる構造を選ぶことを、魅力的あるいは賢明、はたまた効果的にするような検討事項や環境はないのだろうかと考慮するはずなのだ。

鍵となるのは、規範性は常に私たちの実践と、実践における態度によって制定され、規範的身分《ステータス》とは究極的には社会的身分《ステータス》である、という社会的プラグマティズムの主張は、必ずしもこうした身分《ステータス》を制定する人間だけがそれらを体現したり所有したりすることができるという帰結を伴うわけではない、という点である。いかなるたぐいの身分《ステータス》も何かを権威あるものとして捉えたり取り扱ったりする人々の態度に依存しているという啓蒙的プラグマティズムの洞察は、なんらかの人ならざる権威への責任という観念の価値を原理的に貶めたりはしない。ここでは神託について考えてみよう。古代中国の卜官《シャーマン》は亀の甲羅を火のなかに仰々しくくべ入れて、生じた亀裂と表意文字との類似を調べることによって、未来に関する重大な実際的問題への権威ある回答を探っていた。ヨーロッパでは、彗星やめずらしい鳥の目撃に、ときに著しい規範的な意義や意味が付与されることがあった。規範的な意義が私たちに委ねられている範囲において、私たちはそれを好きなところに付与することができる。それがどれほど馬鹿げたやり方であったとしても、だ。問題となるのは、私たちは権威を人ならざる事物に付与することができるか否か、実践に際して自分たちにそれら〔事物〕への責任を持たせるようなやり方で、自分たちが事物に対して責任を持っていると捉えることができるか否かということとではないだろう。そんなことはできるに決まっている。問題はむしろ、私たちの言うことやなすことの正しさに関する認識論的で意味論的な権威が、この特有の規範的意味において、それについて思考したり語ったりしていることになる当の事物のありように対して付与されるような、そうした評価の次元をどのように制定するのか、ということである。社会実践における態度をどのように組み合わせたり並べたりすれば、言動の正しさの評価がその言動によって表象されたことになる対象や事実に依存する（それらに訴えなければならない／それらに責任を負っている）という意味で、あるものを表象項（*rrepresentings*）として語ったり扱ったりしていることになるのだろうか。

この問いの答えは、「表象」の意味の数だけあるだろう。デカルトがこの概念を近代哲学の関心の中心に据えて以来、私たちが何か学んだことがあるとしたら、それは表象にはたくさんの意味があるということだ。そして私たちはその各々について、それぞれの意味における正しさのために、私たちの状態のいくつかが（私たちの仲間である言説実践の担い手たちを含む）世界の多様な側面に対して負っている責任を認めるということが、どの程度まで偶然であえて選択してもしなくてもよい事態であるのかを問うことができる。もし指示的な種類の表象に特有の、大半は人ならざる事物および事実に対しての権威と責任からなる、とりわけ意味論的と名指されるような構造を認める（およびそのように制定する）ことを断念したならば、私たちはいかなる表現上の困窮を強いられることになるのだろうか。思うに私たちはいまだにこうした種類の規範的身分の輪郭を描き出し、そしてそれについてローティが問うている決定的に重要な疑問に応答していくという（デカルト以来、四世紀目を迎えた）長い道のりの途上にあるのだ。

あくまで私見ではあるが、『明示化』における私自身の回答は次のようなものだ。意味論的内容の指示的で表象的な次元というものがひとたび適切に理解されたならば、私たちはそれを、言説実践を言説実践たらしめるような、理由を与えたり求めたりするゲームにおいて中心的、本質的で避けられない側面と見ることができる。それは、話し手と聴き手のあいだの背景的コミットメントにおける必然的（かつ生産的）な差異を乗り越えて、互いに相手の確言[4]を自身の推論の前提として用いることができるように対話者たちが舵取りすることができるための必要条件であるという点において、語ることの超越論的な特徴なのである。主張をおこなうことによって互いに伝達されうるということは、情報という考え方にとって本質的なのだ。

こうした理解において、ローティのふたつの主要なテーゼは意味論的権威という客観的で表象的な構造の存在を認めることと両立する。それは第一に、志向性の指示的、表象的、表示的な次元は規範的構造として理解されるからである。私たちがそれについて語ったり考えたりしている当のもの、指示したり表象したりしている当のものとは、私たちが自分たちのコミットメントの正しさに対して特有の種類の権威を与えるもののことである。それはまさしく、規範的評価の次元に沿って与えられるのだが、こうした次元は、この〔志向的な〕意味でそれについてコミットしているとみなされるところの対象に、私たちが責任を負っていることになるような実践的態度をとることによって、私たち自身が制定しているのである。そして第二に、権威を付与すること、人ならざる事物に責任を持つこと、そうした事物の権威を認めることは、私たちがおこなう何ごとかなのだと理解される。つまり、社会的実践における規範的な態度を私たちがとることによって、それらの事物に意味論的と特に名指されるような規範的身分を与えることだと理解されるのである。残されるのはただ社会工学上の問題だけだ。すなわち、この種の規範的身分を制定するために私たちの実践はどのような形をとる必要があるのだろうか。これこそローティが歓迎しただろうデューイ風の問いなのである。

注

(1) R・ローティ『哲学と自然の鏡』(野家啓一監訳・伊藤春樹・須藤訓任・野家伸也・柴田正良訳、産業図書、一九九三年)(*Philosophy and the Mirror of Nature*, Princeton, NJ: Princeton University Press, 1979) 以下では『鏡』とする。

(2) 一九九六年スペインのジローナ大学でのフェラテール・モラ講義における「認識論と倫理学における

反権威主義」（"Anti Authoritarianism in Epistemology and Ethics"）と題された発表でローティが示した考え方を念頭に置いている。

（3）多くの「父親」を持つ機能主義と対比せよ。

（4）"Blood and the Moon," in *The Winding Stair*, London: Macmillan, 1933.（W・B・イェイツ『螺旋階段とその他の詩』、中林孝雄訳、角川学術出版、二〇一〇年、二四〜二五頁）

（5）スピノザに関するジョナサン・イズラエル（Jonathan Israel）のすばらしい著作を参照せよ。*The Radical Enlightenment*, Oxford: Oxford University Press, 2001.

訳注

［1］古代ギリシアの詩人アルキロコス（Archilochus）の詩「キツネはたくさんのことを知っている。ハリネズミは大きなことをひとつだけ知っている」に基づいた知識人の分類図式に由来する。

［2］ローティの両親はともにアメリカ共産党と深く関わった左派知識人であり、のちにトロツキー裁判におけるデューイ委員会の一員も担っていた。ここで「左派の家系に生まれた子（オムツまで赤ちゃん）（red-diaper baby）」と評されるのは、こうした伝記的事実とも重ねられての記述である。ローティの伝記については、自伝「知的自伝」が収録された『ローティ論集「紫の言葉たち」／今問われるアメリカの知性』〔冨田恭彦編訳、勁草書房、二〇一八年〕などを参照のこと。

［3］アメリカ合衆国において違憲立法審査制が確立された一八〇三年の合衆国最高裁判所の判決を指す。

［4］「確言（assertion）」については第二章の訳注［4］を参照のこと。

第五章　プラグマティズムのボキャブラリー
——自然主義と歴史主義を統合する

1　ローティのボキャブラリー

ボキャブラリーという概念は、ローティが過去三十年にわたるキャリアを通じて発展させてきた哲学的世界観とその世界観を明らかにしてきたボキャブラリーにおける中枢的な役割を担っている。

彼が用いるこの巧みな言い回しは、カルナップやほかの論理実証主義者たちのように、言語的な実践を説明する際の仕事を意味と信念とで分けようとする論者たちの企てに対するクワインの批判に起源を持っている。争点となっていたのは、概念的な規範を制定する（意味を確定する）活動とそうした規範を適用する（信念を形成し、表現する）活動とをはっきりと峻別しようとするカント的戦略（の是非）だった。このアイデアは第一に、私たちが自らの言葉によって何を意味しえたり意味しようとしたりするかは、ひとえに私たち次第であるということだ。そこには私たちの利便性や恣意的な選好を反映した主観的な「べき」を超えるような「べき」はない。しかしながら第二に、ひとたびこうした意味についての自由な規定にコミットしてしまったならば、世界は私たちの上にのしかかり、何を信じるべきなのか、どのような有意味な文を受け入れるべきなのかについて制約をもたらす。というのも、言語表現と意味との結合が定まった文脈においては、私たちが話している物事のありようを決める意味というものがどうなっているかによって、どの文が真という意味で客観的に正しいかが決定されるからである。私たちの語りは、それを自分たちの自由な意味創出の活動と世界の厳然とした堅固な現実とを掛け合わせたものへと因数分解することによって、すなわちふたたびカントに倣えば、私たちがそれを作り出していたがゆえにアプリオリに知ることができるものと、ひとえに発見されるほかないものであるがゆえにアポステリオリにしか知ることができないものとに分解されることによって、説明されるのである。

クワインは、このモデルが実際の言語実践の記述としては過剰なものだと指摘した。端的に言って、私たちにはこのモデルが予測するような、意味の変化と信念の変化のあいだの厳密な区別を見出すことなどできないからである。言語実践における変化とはむしろ、何がそのような変化を動機づけるのかという面と変化から何が帰結するのかという面との両面において、以下のような尺度の度合いに沿って、ひとつの連続的な次元に並べることができると思われる。それは、私たちが〔言語実践を〕どう続けるかわかっている程度や、既存の規範が目下のケースをどの程度うまく捉えられていそうなのか、同じやり方を続けたいのかそれともやり方を変えたいのかといった尺度である。お望みなら、この次元というものを、ふたつのうち一方のラディカルでない終端には信念変化の極を備え、他方のラディカルな終端には意味変化の極を備えたものとして提示することもできるだろう。（指摘しておきたいのは、カントが先駆けていた実証主義的な説明構造に対して、ヘーゲルがほとんど同じやり方で反論していたということである。彼は次のように主張した。私たちのあらゆる言説的な活動は、事前に構成された概念的規範の適用すなわち現象的な活動としても、新しい概念的規範の制定すなわち超越論的な活動としても、いずれにも解釈できる。あらかじめ定まっていた概念的内容の単なる適用などというものも、完全に新奇な概念的内容の制定などというものもないのだ。ひとつの概念について、そのいかなる適用も、当該の概念の内容を発展させるのである。この考えの重要性についてはのちほど触れる。）

もしクワインが正しいならば、私たちは自らの言語実践に関して、意味の構造としての言語と信念の構造としての理論とを区別するような語り口にコミットすべきではない。実証主義者たちがこうした概念を使って果たそうとしていたことのために、それらに代わる新しい考えとしてローティが提案するのが「ボキャブラリー」なのである。クワインの指摘を受け入れる以前、言語や意味の変化を理論や信念の変化から区別することになっていた地点において、ローティの薦めた語法《イディオム》ならば、私たちはただ単にボキャブラリーの変化について語ることができるのだ。もちろん、ここまで述べてきたことだけではまだ見解の輪郭を与えるには至っておらず、課題を示したにすぎない。課題とはつまり、ボキャブラリーという語法《イディオム》をどのように用いるかを詳らかにして私たちが使えるようにすることであり、知る主体かつ行動する主体としての私たちの認知的および実践的な活動について考えをまとめあげるうえでの、この語法の有効性を探索することである。ローティの哲学における仕事の大半は、この難題に応えようとしたものとしてうまく捉えることができる。実際、ローティがデイヴィドソンの思想に対して抱《いだ》いていた深い共感の根底にある主要な理由のひとつは、デイヴィドソンこそが、その仕事の大部分がクワインの遺産によって方向づけられている、もうひとりの代表的な哲学者だからではないだろうか。

2　消去的唯物論

ローティが哲学者として表舞台に登場したのは（そして決して偶然ではないことに彼が当代随一の哲学科が形成されようとしていたプリンストン大学にやってきたのは）、一九六〇年代後半のことだった。[1] 彼は、伝統的な心身問題に対して与えられた、哲学史上で久方ぶりの本当に新しい応答である消去的唯物論の論者として登場したのである。(1) ニーチェが、かつて神は存在したが、しかし神は死んだ――実際に私たちは別様に語り、また考えるようになったことで神を殺したのだが、それによって私たちであることをやめることはなかった――と述べて、有神論と無神論の古典的な二者択一を飛び越えたのとちょうど同じように、ローティは唯物論と二元論の古典的な二者択一を超克してみせる。私たちはかつて本当に心を持っていた（そして今も持っている）のだが、私たちの心を消失させるような効果を持つボキャブラリー変化を有意味に考えることができる。こうしたボキャブラリー変化の結果として、私たちはそれによって私たちであることをやめることはないままに、もはや自らが心を持っているとはみなさなくなるのである。この議論はいかにもローティらしく、現代の研究を読み解くことによって得られた知見をもとにした哲学史理解から生まれたものだった。心身問題はなぜ古代の哲学にはなかった形で近代の哲学において差し迫った問題になったのかという疑問に頭を悩ませたことによって、ローティはデカルトの中心的な発明のひとつである認識的な観点における心の定義に関して、まったく新しい考え方をするようになったのである。デカルトは心を、それについて私たちが持つ知識との関係を用いて定義した。すなわち、心はそれ自身にとって最もよく知られた何ものかである。実際、心的なものはその完全な認識的接近可能性から定義される。それは錯誤や無知がありえない領域であり、自身の心のうちで起こっていることは、何であれいま起きていると思われているということにほかならないのである。ローティは、こうした決定的な認識的特徴を「訂正不可能性(incorrigibility)」と呼んだのだ。

セラーズのいくつかのアイデアを援用することで、ローティは訂正不可能性を、権威の構造すなわち一部の表象に特有の認識的な特権を与えるものという規範的な観点から解釈した。そして、彼はこの特殊な種類の規範的身分《ステータス》を社会的な観点から理解するようになったのだった。私たちは、そのとき生じている意識内容に関する誠実な一人称の主張について、それを覆すような何ものか、つまりそうした主張を棄却する決定的証拠となるものなどないということに同意することによって、当該主張を訂正不可能なものとして扱っているのである。私たちが、一部の報告に正しい種類の訂正不可能性を備えているという身分を認めるようなボキャブラリーを用い続ける限り、私たちは訂正不可能であり、まさしく心を持つのである。そのうえで、ローティがさらに論じたように、例えば脳内状態のモニター投影技術の実現によって、私たちが自分たちのボキャブラリーを変化させ、心に生じることに関する誠実な一人称報告が覆されることを許容するようになるという状況想定が整合的だとしよう。このとき、そうすることによって当該状況下における私たちは厳密にデカルト的な意味での心を持たないようになったと想定されるだろう。この過程は、信念や欲求、意図など、今日では誰もがもはや訂正不可能とは思わない心理状態のボキャブラリーを用いる能力に影響を及ぼすことはないのだから、この意味での心の喪失を思い描いたところで自分たちは知的ないし理性的であり、すなわち知性主体なのだ（sapient）という私たちの感覚はなんら揺るがされることがないのである。同様に、私たちが自らを感覚主体である（sentient）と理解するための能力にも影響を及ぼさない。感覚主体であるとはすなわち、私たちが少なくとも他の哺乳類と明らかに共有している周囲の刺激への反応性という特徴を分かち持っているということである。このことはデカルト主義者でさえ認めていた。もっとも、言説を持たない生物は知識を欠いており、事実、訂正不可能な判断をその認識的な極限事例とするようなたぐいの概念的に分節化された判断というものをいっさい欠いているということを根拠に、デカルト主義者たちは依然としてこうした動物に真正の知性を認めることは差し控えたのだが。

こうした含蓄に富んだ独創的な一連の考えはひとつながりの継続的な議論として展開されており、その各過程で物議を醸しかねない概念上の一手を含んでいる。この議論は各方面で重大な反響を引き起こしてきたのだが、まだ私たちはそれらを通暁して、意義と成否を決定的に評価する地点にはいないだろう。ただ、この議論のある側面は、これまではあまり注目されてこなかったのだが、その後のローティの知的展開の経緯を理解するうえでとりわけ重要なものであると思う。というのも、その議論では特定の報告に訂正不可能性を与えるボキャブラリーからそうでないボキャブラリーへの変化において、語られている当の対象にも変化をもたらしている具体的な事例を描き出すことを目指しているからである。ローティの消去主義的な方針の眼目は、こうした変化というものが、語られている対象のあり方は同一のまま、ボキャブラリーの変化によって私たちは同じ対象のある部分について語ることをやめて別の部分について語りはじめるのだというような、より身近な事例と混同されてはならないという点にある。ここでの主張は、私たちが自らの心について語るのをやめることができたというだけではない。私たちがそもそも心を持っているということ自体が、特定の種類の認識的権威の構造を取り入れたボキャブラリーを話すことと相関関係にある、というのである。このような構造はたまたま選択されたものであり、違う種類の語法《イディオム》を使う者たちは、それについて語られるところの心を単に持たない、ということになるだろう。もし消去的唯物論という着想が整合的ならば、ボキャブラリーは、それによって私たちが語れるようになるものに対して、どういった関係に立てる可能性があるのかを新たに考えなければならない。これこそがローティが目指すものである。

3　プラグマティズムと表象

ボキャブラリーと、ボキャブラリーがそのなかで運用される世界との関係について、デカルト以来の標準となってきた考え方は、表象をその主概念として扱うものだ。『哲学と自然の鏡』(2)を嚆矢として、ローティはこのモデルを超えてゆく可能性とその妥当性についてさらなる探究に着手する。その要点は、ボキャブラリーがボキャブラリーでないものに対して応答するというアイデアを放棄するのではなく、このアイデアを表象とは異なる観点から再解釈するというものである。ローティによる一連の思想の展開には、批判的な段階と建設的な段階とがある。私の考えでは、ボキャブラリーの表象モデルへの批判については、消去的唯物論に取り組んだときに陰伏的ながらすでに育まれていた、とりわけ豊かなある着想を軸として見るのが有益だと思う。それはつまり規範、典型的には認識的規範に関するローティのプラグマティズムである。これによって私が述べたいのは次のような考えだ。すなわち、認識的な権威や特権に関わるあらゆる規範的な問題は、こうした権威を認めたり受け入れていたりすることを暗黙のうちに含んでいる社会的実践に照らした場合にのみ究極的には理解されうるのである。たとえそれが、言及した対象から私たちの発話に対して行使されるようなたぐいの権威であってもそうなのだ。建設的な段階において、ローティは表象モデルに代えてボキャブラリー使用を道具使用のモデルで捉えることの帰結を模索しはじめた。この発想は、古典的アメリカン・プラグマティストやウィトゲンシュタインに共通するもので、私が「道具的プラグマティズム」と呼んできたものである。

　ボキャブラリーが持つ意味論的な働きや認識的な働きについての表象主義への批判の初手は、認識的に特権化された表象という考えに関わる。これはセラーズとクワインの仕事に代表される一九五〇年代後半から六〇年代前半のアメリカ哲学の先駆的な業績を、見事に合理的に再構成したものとなっている。ローティは、彼ら両名を新カント主義的な実証主義に対するプラグマティズム的解体の急先鋒と見ているのである。というのもローティは彼らを、次のような基礎づけ主義の描像を掘り崩しているものとして読むのだ。基礎づけ主義の描像というのは、正当化の連鎖をたどっていくと、一方で前提の側においては、私たちを制約する世界が知覚における所与という形で純粋な貢献〔それ以上遡行する必要のない前提という役割〕をしていることに行き着き、他方で推論の側においても、制約されていない心が〔自由に〕選ばれた意味という形で純粋な貢献をしていることに行き着くというものである。プラグマティストにとっては、知覚的所与、ならびに概念間の意味‐分析的結合に担保された推論という両者に対して特別な種類の認識的権威を帰属することのポイントは、こうした権威がそのなかで実際に認められているような言語表現の使用、言い換えればボキャブラリー運用の特徴を説明することでなくてはならない。しかし、私たちの言語実践は、そうした特殊な権威があるとすれば、その陰伏的な容認を表現していることになるような特徴を見せていないのである。知覚的に与えられたもの〔所与〕は、経験的な概念の適用という推論的に分節化された実践における役割から切り離されると、もはやそれが認知的な意義を持つと整合的に理解することはできない。また、意味間の結合のみによって担保されているとされる推論も、一般的な事態によって担保されていることが明白な推論と同様、説明のつかない経験に直面した際には改訂を免れえないのである。

ローティ自身は次のように要点を述べたわけではないのだが、私が思うに、認識的規範についてのプラグマティズムこそが認識論的基礎づけ主義が概念的に破綻しているという診断を構成している。その標的は表象という哲学的なおまじない（invocation）であり、それは特定の種類の事物つまり知覚可能な事実や意味がこうした表象に権威を認めるような実践において果たす役割からは切り離されて、〔表象が〕これらの事物に対して持つ関係のみによって認識的に特権化されていると考えられているのである。そう考えると、セラーズ＝クワイン的批判は、後期ウィトゲンシュタインの探究と同じ部類のものと見ることができる。それはつまり文や心的イメージ、意識の枠のなかで捉えられた意図といったものは、それにしたがって何をするのが正しいのかを決定するという意味で私たちの活動を規範的に縛っているのだ、と理解するためには欠かせない社会的実践の背景についての探究である。真の論点は、何かが表象である（として機能している）と考えるときに私たちが前提としている、より広範な実践的文脈とは一体どのようなものなのかということに関わっている。なぜならば、何ものかを表象として扱うことは、それを独特の規範的評価軸において正しいか誤っているかを問う対象として扱うことだからだ。こうした表象の捉え方において、規範についてのプラグマティズムは即座に重大な帰結をもたらす。基礎づけ主義的な認識論者たちが無批判に用いているそれ自身の認識的権威という考えに対するセラーズ＝クワイン的批判の合理的再構成からのひとつの教訓は、世界がそれ自体で、もしくは心的行為がそれ自体でボキャブラリーの正しい使用を決定するような規範を生成しているという考えが根本的に誤っているということだ。この教訓こそ、ボキャブラリーの運用を統べる規範を世界のあり方に基づく規範と心の活動に基づく規範へと分解しようとするカント的プロジェクトの有用性に対する攻撃の幕開けなのである。

ボキャブラリーというものを特徴づけるような自由と制約の組み合わさり方を新たに概念化するという大きなプロジェクトにおいて、本議論の果たす役割ははっきりしていなかったのだが、それはこの議論が哲学分野の現状と未来に対して持つ意義についての不用意に扇情的なメタ哲学的憶測を〔直後の箇所で〕続けてしまったからだろう。つまり、カント的プロジェクトを失えば哲学はもはややることがなくなってしまうというのだ。こうした〔哲学の終焉という〕考え方は、『哲学と自然の鏡』の議論を貫く哲学上の要点からは、いつだってせいぜいのところ脇道にすぎなかったのであり、主たる論点に影響することのない、採るも採らぬもお好みであるような枝葉末節だったのである。しかしながら、こうしたメタ哲学的な目くらましに惑わされてしまうと、意味論的表象主義は結局のところ認識論的基礎づけ主義を伴立するわけではないという見立てによって特権的表象の議論を斥け、それによって〔ローティの〕基礎づけ主義批判は意味論的表象主義批判にまでは届いていない〔したがってカント的プロジェクトは続行可能である〕として胸を撫でおろすというのはあまりにたやすいことだった。実際には批判は届いているのだが、しかしこれは議論をはじめる一手であって、議論の結論ではないのである。

4　規範と因果

『鏡』におけるローティの主戦略は、カントの概念的道具立てを用いて〔広い意味で〕カント的な表象主義的描像を掘り崩そうというものである。その道具立てとは、因果についての考察と正当化についての考察との区別である。カントは、彼以前の哲学者たちが主として「観念の序列と結合」の規範的性格に目を向けていなかったがために、因果的主題と概念的主題を一緒くたにしてきたのだと非難した。彼はロックを相手取って、以下のことを区別するよう説いたのである。一方に、私たちの観念や信念がどこからやってきたのか、言い換えればどんな事実的な過程が実際にそれらを引き起こしたのかを述べることによって観念や信念の根拠を提示する営みがある。他方、それとはまったく別のものとして、どんな理由がそれらを正当化するのかを述べることによってかかる信念の根拠を提示する営みがある。ローティは、このカント的区別に訴えて、ボキャブラリー外部との関係の問題とボキャブラリー内部における関係の問題との厳格な峻別をさらに強化する。彼がセラーズやデイヴィドソンと共有する見解をよく表している「信念だけが別の信念を正当化することができる」という旗印のもと、ローティは推論や正当化の関係とはボキャブラリー内部のもののあいだに（つまりボキャブラリーの異なる適用同士のあいだに）限って成立するのだと断言する。ボキャブラリーの適用と、ボキャブラリーの適用ならざる事物からなる周囲の世界とのあいだの関係は、ほかでもなく非規範的な因果の用語によってのみ理解されねばならない。あらゆる経験的ボキャブラリーの適用は、それが生じる世界によって確かに制約されているが、この制約は一種の因果的な制約として理解されるべきであって、規範的な制約として理解されるべきではない。ごく簡単に言って、意味論的表象主義に対するローティの批判の進め方と私が考えているのは次の通りである。すなわち、規範的な関係というのはもっぱらボキャブラリー内部にのみある。ボキャブラリー外の関係はもっぱら因果的なものである。表象は、同時にこのふたつの関係、すなわち正誤の評価を支える規範的な関係とボキャブラリー内の表象項とボキャブラリー外の被表象項とのあいだの〔因果的な〕関係の両方であると称している。したがって、ボキャブラリーと環境の関係についての表象主義モデルは拒否されなければならないのである。

　ローティを一種の言語的観念論者だと考えたがり、彼が大胆不敵に言及した文学理論家たちの一部が起こした馬鹿騒ぎの責をもローティに負わせようとした人々が「一九世紀の観念論と二〇世紀のテキスト主義(3)」（"Nineteenth-Century Idealism and Twentieth-Century Textualism"）のような読み継がれるべきテキストを読んでいないのは明らかだが、こうした人々にとっては、ローティの表象主義批判が拠って立っているのが、因果的なコンテクストという、そのなかで私たちの会話が営まれ、私たちが最終的に応答しようとしているものを否定したり無視したりすることではなく、むしろまさに因果的コンテクストの意義に対する頑固なこだわりと重要視であるというのは驚きだろう。ローティの見解を特徴づけているのは、語りが環境に応答するということの意味は、因果的な用語のみから理解されなければならないという主張であり、そしてこの主張からの帰結がいかなるものであってもそれを引き受けるという決意なのである。どうしてそう考えるべきなのだろうか。ローティは、「経験論と心の哲学」におけるセラーズを、この点を推し進めているものとして読む。認識的・推論的・規範的な関係と因果的な関係とのあいだではっきりした区別を見落としてしまうことは、「所与の神話」へと至る。所与の神話とは、最も広く言えば、なんらかの事物、ただ起きたことや一連の過程にすぎないものが、それ自体で規範的な（とりわけ認識的な）意義を持ちえたり、私たちに何かをなすよう拘束したり、義務づけたり、資格を与えたりすることがそれ自体で可能なのだという考えである。そして、私が規範についてのプラグマティズムと呼んできたのは次のような考えだった。すなわちどんなものでも、権威を持ち、責任を生じさせ、概して私たちにとってなんらかの規範的な意義を持ちうるとしたら、それは一群の社会的実践というコンテクスト、言い換えればボキャブラリー内部においてのみなのである。より詳細に言えば、鍵となる考えは、正当化は推論的な営みであるというものだ。主張や信念を正当化するのは別の主張や信念でなくてはならず、それは主張や信念のみが、そこから別の主張や信念が推論されうるような前提として機能するのにふさわしい概念的な形をとっているからである。世界は事物とその因果的な関係から成立しており、こうしたものは主張や信念の原因となるばかりであって、それらを正当化することはできないし、主張や信念を正しくしたり誤ったものとしたりすることもできないのだ。

ここでは決定的な区別が無視されていると思われるかもしれない。世界の事実というものは、どうあってもそれ自体では主張や信念を正当化できないし、そのため正当化の資格付与（entitlement）がなされるという意味合いにおいて主張や信念を正しいものにすることはできない、ということは認めてもよいだろう。しかし、だからといって事実が主張や信念を真という意味合いにおいて正しいものにすることはできないということまで導く必要はない、というのである。結局のところ、表象主義モデルは、正当化に関して（少なくとも直接的に）何か言おうとしているわけではない。表象主義の主張とは、事物がどうあるかが私たちの主張の、真という意味合いにおける正しさを決定するのだから、私たちの経験的ボキャブラリーの使用は世界に対して規範的な意味論的関係に立っているというものだ。まさにこのポイントこそが前述した懸念を裏づける理由になっているのだが、しかし問題になっている〔正当化と真という二種類の正しさ評価の〕区別は〔ローティにおいて〕単に見落とされているわけではない。この論点において陰伏的に働いているのは、正当化の実践から真理概念を根本的に分離してしまうという根源的分離の可能性だが、ローティはこの可能性に対して断固として抵抗する[4]。彼の認識的規範についてのプラグマティズムは、正当化に関する規範に限定されたものではなく、表象の真理性や正確さに訴える際に引き合いに出された規範にまで及んでいるのだ。

問わなければならないのは次のようなことである。なぜ私たちは自分たちの主張が、それを真か偽かという意味合いにおいて正しくしたり誤ったものにしたりする事実に対して、規範的な関係に立っているべきではないのだろうか。ローティは、事実とは私たちの主張を真もしくは偽とするような、〔いわば〕世界の事柄であるという発想を拒絶する。繰り返すが、これは彼がボキャブラリー以外のあらゆる存在を無視したり否定したりするためではない。まったく違うのである。そうではなく、むしろ因果的に作用しあう事物からなる世界は私たちのボキャブラリー適用を因果的に制約するものであって、それは概念的構造を持たないという反観念論的コミットメントの帰結なのだ。ローティがこの発想を拒絶する理由は、事実について語るということは、概念的な構造と命題的な内容を持つような何ものか、すなわち推論的かつそれゆえに正当化の関係に立つにふさわしい適切な形を持つようなものについて語ることだからである。それはボキャブラリーによってのみ与えられうるような形なのだ。概念的な規範はボキャブラリーによってつくられたものであり、ボキャブラリーなしに概念的規範は存在しない。ローティは、私たちの事実についての語りを次のように説明することができるだろう。事実を表現するものとしてある文を扱うことは単にそれを真として扱うことであり、ある文を真として扱うのは単にそれを是認すること、すなわちその文を確言したならばすることになる主張をおこなうことなのである。しかし、ローティは事実とは主張を真にするようなたぐいのものであるという発想を拒絶する。かくして、彼は次のように要約される議論を是認するのである。「真理は文の性質であり、文はその存在をボキャブラリーに負っており、そしてボキャブラリーは人類によってつくられたのだから、真理もまた人類によってつくられているのだ[5]」と。人類が登場する以前には真理は存在せず、同じく真なる主張も、事実もまた同様に存在しなかったのである。

5　遠すぎた橋？

さて、私はここに至るまでの議論のどこかが間違っていたと思う。しかし、それが何であるか述べる前に、ローティがついにはこうした奇妙なことを述べるに至った理由を強調したい。つまり、彼にとっては、ただ因果的に相互作用する事物たちが織り成す世界の存在に対しての面白みも疑問の余地もないコミットメントを守るためにこそ、そうした奇妙な主張が必要だと思われているのである。こうした世界はボキャブラリーがある以前から存在し、私たちがボキャブラリーを操ることからはいかなる意味においても構成されなかったものであって、その大部分が私たちの言説的活動とは独立している（それはときに残念なことでもある）。私の考えでは、事実を真なる主張として理解でき、主張することはボキャブラリーから離れては理解可能でないと認めることができるのと同時に、それでもなおボキャブラリーがある以前においても依然として真なる主張があったのであり、それゆえ事実があったのであると言い張ることはできる。なぜなら、私たちは「主張」のふたつの意味を区別すべきだからである。一方では、主張するという行為（the act of claim*ing*）があり、他方では主張された内容（what is claim*ed*）もしくは主張可能物（claim*able*）がある。私は、事実とは真なる主張ではあるが、それは主張可能物〔が真である〕という意味であって、真なる主張行為という意味ではない、と言いたい。この区別を採用すれば、事実は主張を真にするのであると言うこともまたなんら間違っていない。なぜなら事実は主張行為を真にするからである。ここでの「する」の意味に頭を悩ませるべきではない。それは推論的なのだ。「pは事実なので、ジョンによる『p』という発言は真である」というのは、（後の節における単称名辞が指示対象を持つという想定のもとで）ただ単に前の節から後の節が帰結すると言っているのである。

ボキャブラリーが現れる前には、真なる主張行為は存在しなかった。なぜなら、そこには主張行為がまったく存在しなかったからである。しかしこのことは、そこに真なる主張可能物が存在しなかったということを帰結しない。実際、私たちはそのように言うべきではないということを示すことができる。ここで「〜は真である」がとる文法的変形に注目した議論を見てみよう。

物理学が私たちに教えてくれているように、人類が誕生する以前から光子は存在した（私は光子について、例えば『宇宙創成はじめの3分間』[6]におけるスティーブン・ワインバーグ（Stephen Weinberg）の宇宙の創生期に関する説明から多くを学んだ）。したがって、もし時点V以前には人類が存在せず、したがってボキャブラリーも存在しなかったとしても、私たちは次の1を否定することを望まない。

1．「光子が（時点V以前において）存在した」
"There were (at time pre-V) photons."

この文は時制オペレータを前に出して、次のようにパラフレーズすることができる。

2．「[光子が存在する]ということが（時点V以前において）あった」

"It was the case (at time pre-V) that [there are photons]."

「真」という性質の基本的な余剰性（redundancy）によって、私たちはこの文を「～は真である」の形にすることができる。

3. 「[[光子が存在する」ということが（時点V以前において）あった」は真である」
"It is true that [It was the case (at time pre-V) that [there are photons]]."

ここで時制オペレータを外に移動させて「～は真である」の動詞にかかるようにすることができる。

4. 「[[光子が存在する」は（時点V以前において）真である」だった」
"Was [It is true (at time pre-V) that [there are photons]]."

この移動が鍵である。これは「真」の余剰性という奥深い特徴の結果として、すべての文オペレータが同様に扱われうるという観察から正当化される。したがって「[pでない」は真である（It is true that Not [p])」は「[pは真である」ではない（Not [It is true that p])」に変形できるし、「[pでありうる」は真である（It is true that Possibly [p])」は「[pは真である」はありうる（Possibly [It is true that p])」に、また「[pになるだろう」は真である（It is true that Will-be [p])」は「[pは真である」

になるだろう（Will-be［It is true that p］）」に各々変形できるのである。しかしいま、時制オペレータの働きを考慮したならば、明白に導かれるのは以下である。

5．「［光子が存在する］は（時点V以前において）真であった」
"It was true (at time pre-V) that [there are photons]."

そして、ふたたび「真」を余剰にする特徴に訴えると、次の文が得られる。

6．「［［光子が存在する］は真である］ということが（時点V以前において）あった」
"It was the case (at time pre-V) that [It is true that [there are photons]]."

「真」とその他の文オペレータの相互作用を含んでいるこれら〔1－6〕がすべて同じことを述べているはずであるということ（uniformities）は、私たちが自らのこうした表現の使用によって、以下のいずれかにコミットしていることを物語っている。すなわち、人類が誕生する以前から光子は存在したという物理学において確立された公式見解〔1〕を否定するのか、もしくはそれを定式化する人々が存在する以前にも光子に関する真理はあったということ〔6〕を認めるのかのいずれかである。後者の道筋をとることは、事実（真なる主張可能物）の観念は、ボキャブラリーの観念に相対的な仕方でのみ理解可能であるということを認めることと完全に両立可能である(7)。

意味論と様相論理における、かのいにしえの大家エイブラハム・リンカーン（Abraham Lincoln）は次のように問うた。「もし私たちが尻尾を『脚』と呼ぶことに同意したならば、果たして馬は何本の脚を持つだろうか」と。彼の答えは「四つだ。なぜなら言葉の使い方を変えることによって、馬が何本の脚を持つかを変えることはできないのだから」というものだ。これはまったく正しい反応である。言語的な事実を変化させることによっては、字義通りの非言語的な事実を変えることなどできはしない。想定された反事実的状況において、「馬は五本の脚を持つ」という言葉は真であるだろうが、それはただこの言葉が馬は五本の脚を持つとは述べておらず、馬は依然として四本の脚を持っているはずであるという事実と矛盾しないからである。私たちが反事実的状況を特定し、それについて推論するときに私たちが想定しているものは、実際にそれについて語るときに用いている言葉の意味を変えるようなものだと考えられるべきではない。私たちが光子の概念を用いて述べるべき正しいことは、たとえこうした事物についてのコミットメントを引き受けるような言語使用者が一度として存在しなかったとしても、これらの事物はそこにあり続けていただろう、ということである。なぜなら、事実とは真なる主張であるが、それは主張内容という意味においてであって、主張行為という意味においてではないからだ。もし人類が一度として存在しなかったとすれば、あらゆる真なる主張行為が存在しなかっただろうが、しかし、事実（真理）は表現されぬまま存在し続けたはずである。そして、私たちの「人類が存在するという」現状において主張行為は存在しているのだから、私たちはそうした事実があったとしたらどのようなものとなるのかについても、かなりのことを語れるのである。

6　知識についての社会的プラグマティズム

もし以上が正しいならば、私たちは自分たちの主張行為を真にするような事実について語ることができないという、ローティが主張するようなことにはならないだろう。私たちは、ボキャブラリーに言及するストーリーを語ることによって事実という観念を理解するしかない。なおここで、ボキャブラリーという観念もまた事実を包含するストーリーの一部としてしか理解できないということは、本章の議論の出発点であったクワインによる指摘からの帰結であるという点に注意してほしい。けれども、このことはボキャブラリーが存在する以前には事実は存在しなかったということを伴立しない。私たちはこうした真なる主張可能物を、私たちの主張行為を（物事がうまくいっているときに）真にするものとして理解することができる。しかし、ただ信念だけが別の信念を正当化できるというもとの論点、そしてそれを一般化した、因果的な秩序とボキャブラリーの適用との関係は、規範的ではなくただ因果的なものだと捉えるべきという主張についてはどうだろうか。これは込み入った問題である。ここでは、ただそれに関わるいくつかの考察について輪郭を描くことしかできない。ここで最も重要になるのは、前節で引き合いに出したセラーズが「する（ing）／される（ed）」の区別と呼んだものをさらに推し進めて、いまやそれを「信念」にまで適用されるものとすることだろう。バークリー的な主観的観念論は、「経験」という用語に伴うこの区別を看取することに失敗し、そしてそれによって真であるか少なくとも明らかな偽ではない「私たちの知るすべては経験されたこと（「経験」）である（All we know is what is experienced（'experience'））」から、偽である「私たちの知るすべては経験すること（「経験」）である（All we know is experiencings（'experience.'））」への移行を支持してしまった帰結として生じたのである。信じる行為（believings）は別の信じる行為を正当化できるし、信じうるもの（believables）は別の信じうるものを正当化できる。これらふたつの意味の「正当化する」は異なるものであるが、しかし密接に関係しあっている。（それらが一体どのように関わっていると理解されるべきか、そしてどちらを説明の起点として扱うのがより有益かというのは難解で興味深い問題ではある。）しかし、信じうるもの（真であるならば、これは事実である）は、信じることを正当化できるだろうか。この疑問を問うことは、ボキャブラリーの適用ではないなんらかのものがボキャブラリーの適用を（単にその原因となるだけでなく）正当化することができるのか、と問うことである。ローティとデイヴィドソンは、この問いに否と答える。

私はここで、ボキャブラリーの適用ではないたぐいのものとボキャブラリーの適用であるたぐいのものとのあいだに認められるべき関係は、正当化の規範的な関係ではなく、ただ因果的な関係のみであるという主張[8]に対して異議を唱えるためのひとつの方法を提案したい。

a. 事実という、概念的構造を持った真理メーカーが存在する

b. ボキャブラリーの適用は、こうした事実に対して厳密に因果的ではなく、推論－正当化的な意味でも応答していなければならない

c. 知覚経験のお望みの事例の主要な部分において、事実とは自分の経験的信念について知覚者

に資格を付与するような理由である

前節において、ローティと基本的なコミットメントを共有する者がどうやって（a）にコミットすることになり、かつ（a）について資格を得ることになるのかを示してきた。（b）はボキャブラリーの外にある関係と内部における関係とを区別して前者を因果的、後者を規範的とする、問題の一般テーゼを単に否定したものである。そして（c）は、因果的な関係に加えて正当化の関係が認められるべきというのはどういうことかを述べているものである。私は、これら〔a～c〕すべてを規範についてのプラグマティズムと整合的に擁護することができる（そして、それゆえに所与の神話には陥らない）と主張する。

誰かに知識を帰属するとき、私が何をしているのかを考えてみよう。まずはともかく知識主体候補に対して、命題的内容を持つコミットメント、すなわち、〔何かを〕真とみなしているということを帰属している。ある人が真とみなしていないことについては、その人がそれを知っているとはみなされえない。これは、知識を正当化された真なる信念（justified true belief）とする古典的な知識観（JTB説）における信念〔であるという〕要件に対応している。次におこなうのは、そのコミットメントに対して、ある種の認識的な資格を帰属することである。正当な理由で保証されていなかったり、ただのまぐれ当たりで真とみなしていることは、知識のうちに入らない。これは、古典的知識観における正当化要件に対応している。私は認識的資格といういささか幅広い観念をわざと用いているが、その理由は、ある人が信念を保持しているということは、当該信念を正当化する能力を〔当人が〕有しておらずとも正当化されうるのかという（認識論的内在主義者と外在主義者が係争中の）争点について予断を持たないためである。では、知識の真理要件、信念が事実に対応したり、事実を表現したりしていなければならないという要求についてはどうだろうか、知識保持候補者の信念が知識に到達しているというとき、〔その人に信念を帰属しているところの〕私はそれを真とみなしている。すなわち、私はそれを事実の表現、言い換えれば（主張内容や主張可能物という意味において）真なる主張とみなす。このようなおこないは、これまで語った命題的内容を持つコミットメントや認識的資格に加えてさらなる何かを知識保持者に帰属することではなく、何か別の行為なのである。つまり、主張を是認するということであり、コミットメントを自ら引き受けるということなのだ。私が用いる正しさの基準は、私が事実として扱っているものとの（それを表現しているという意味における）対応だけなのである。もちろん、想定された知識保持者が間違いうるように、私も間違いうる。しかし、知識の真理要件の意味、すなわち信念の正しさが評価されている際の（認識的資格の帰属によって評価される正しさの意味とは対照的な）「正しさ」の意味合いは、究極的にはほかの人に帰属したコミットメントと自分自身が引き受けたコミットメントとのあいだの、この対照性に由来するのである。(9)

こうしたストーリーは、ボキャブラリーの適用、すなわち知識を表現しているかもしれない主張と、それに照らして主張が真となったり偽となったりするような事実とのあいだには規範的な関係が成立しているのだという見通しを保証する。しかし、これは規範についてのプラグマティズムの主張に違反はしていない。誰かの語る行為や信じる行為の正しさをめぐって、事物のあり方というものが規範的な意義を持つことを許されるのは、そうした事物のあり方に向けられたほかの誰かの態度という文脈のなかにおいてのみであり、言い換えれば、その知識主張を評価する者の真とみなす態度というふるいにかけられて残ったものとしてだけなのだ。知識を帰属する側の人から是認されているということによって、事実は社会的実践に巻き込まれているのである。それゆえこの見取り図においては、概念化されざるむき出しの現実と誰かの概念適用とのあいだに接点はない。真理評価に含まれている意味論的正しさのようなものは、〔知識保持候補者による〕ボキャブラリー適用と〔候補者を評価する別の者による〕また異なるボキャブラリー適用との比較参照をおこなうことによって理解可能になる。こうした説明は、事実を引き合いに出しており、また「真にする」「対応」について語ることを保証しているにもかかわらず、言語と世界のあいだの規範的関係をローティが拒絶する際の動機となっていた良心の呵責に答えるものであるはずなのだ。

7　信頼性についての社会的プラグマティズム

しかし、主張が備えている、事実によって決定されるところの正しさについて、その「正しさ」を真という意味で理解しつつ、無害化された観念を生み出すことは、注文のひとつでしかない。より難しい注文は、主張が備えている、事実によって決定されるところの正しさについて、その「正しさ」を正当化されたという意味で理解しつつ、先の場合と対応するような〔無害化された〕観念を生み出すことである。これこそ前節における主張（b）と（c）のあいだで争点になっているものだ。この注文は、非規範的な因果的関係と規範的な推論的正当化の関係との混同という観点から所与の神話に反対したセラーズの議論が一見すると阻止しようとしているように見えるものであり、信念のみが信念を正当化できるという〔ローティ＝デイヴィドソンの奉じる〕原理が直接的に排除するものでもある。ただ実際のところ、真としての認識的正しさを飼い馴らすために以前用いたのと同じ戦略を、今度は正当化や保証としての認識的正しさを飼い慣らすために拡張することができる。私たちは事実を、私たちの主張行為を引き起こすという因果的な関係だけでなく、主張行為を正当化するという規範的な関係にも立つものと見ることができるのだ。実際、事実と主張行為とが規範的関係に立っていると見ることができるのは、ひとえにそれらが因果的関係に立っているからこそであり、その限りにおいてそうなのである。

　認識論的外在主義者は、知識保持候補者が自身の信念を正当化する理由を提出できない場合にさえ、知識とされる〔正当化された〕真なる信念から、ただの〔正当化されていない〕真なる信念を区別するために必要な種類の認識的資格を帰属することが適切になりうると主張する。典型的なケースは、信念保持者がそれを知っていようがいまいが、その信念が実際に信頼できる信念形成メカニズムの出力結果であるような場合だ。マヤ様式の〔陶器の〕陶片とトルテカ様式の陶片を見るだけで区別できるよう訓練された人物が、自分でそうとわかる以前から、トルテカ様式の陶片だという非推論的報告が知覚的知識だとみなされるために必要な、信頼できる弁別的反応の傾向性（reliable differential responsive disposition）を実際に獲得しているということがあるかもしれない。このとき、彼女はなんら理由を提供することはできないのだが、あるものをトルテカ様式だと呼びたくなる傾向性を持っている。もし彼女が実際にマヤ様式の陶片のなかからトルテカ様式のものを区別するに際して十分に信頼できるなら、認識論における信頼性主義者たちは次のように論じるだろう。すなわち、彼女が〔実際に〕正しく分類するとき、彼女は非推論的報告者としての自身の信頼性に訴えることによってさえ自身の主張を正当化できないにもかかわらず、それでもなお彼女は自分がトルテカ様式の陶片を見ていることを真正に知っているのだと。つまるところ、こうして獲得された信念は、ただのまぐれ当たりによって真であるわけではないのだ。

　どうやらこの種の認識論的信頼性主義こそが、因果関係を正当化関係と取り違えているとしてローティがこだわる典型的なケースであるようだ。というのも、報告者の信念を正当化していることになるのは（そして、もしそれが真であれば知識と保証することになるのは）、刺激（トルテカ様式の陶片）によって信頼できる非推論的反応（トルテカ様式への分類）が引き起こされるからであり、それは単なる因果関係にすぎないのである。しかし、もし私たちが（以前もしたように）知識を帰属する者という観点から見たならば、このような見かけは消え失せる。なぜなら、報告者を信頼できるものとみなす行為、つまり非推論的報告をするという信頼できる弁別的反応傾向性を帰属する行為において私がおこなっているのは、まさに私自身がある推論を是認する行為だからである。このとき私は「Sはその陶器がトルテカ様式であるという報告を非推論的におこなう傾向を持っている」から「その陶器は（おそらく）トルテカ様式である」への推論をよいもの（good one）とみなしているのである。それは、報告者に帰属されたコミットメントから評価者によって引き受けられたコミットメントへの推論である。私はその報告を、報告者が理由を提供できなかったとしても、知識を表現しているものとして扱うことができる。なぜなら私がそのための理由を提供できるからである。彼女が自分自身の信頼性を引き合いに出すことができないとしても、私には〔彼女の信頼性を引き合いに出すことが〕できる。そして、もし私が〔彼女の信頼性を引き合いに出すことが〕できなかったならば、外在主義的な信頼性主義の観点からでさえ、知識を帰属することはできない。因果関係が正当化を保証することが可能になるのは、知識主張を評価する人々が、因果関係が推論の一種をよいものにしているとみなすからであり、その限りにおいてである。世界の事実と誰かの主張とのあいだの非規範的な因果関係は、両者のあいだの規範的な認識的正当化の関係を排除しない。なぜなら、〔前述の〕信頼性推論を是認することによって、ほかの者たちは因果関係を信念の理由とみなすことができるからである。この認識的資格の評価に関するストーリーは、真理評価についてのそれと同様、もっぱら言説的なコミットメントと資格の観点のみから言い表される。それは、どうすれば評価者と被評価者との社会的パースペクティブ上の差異というものが、ボキャブラリーとそれが適用される因果的な環境とのあいだの関係をボキャブラリー自身のスコープのうちに置くことができるかを示しているのである。

〔四節で〕前述したように、ただ信念だけが別の信念を正当化できるという原則に基づいて、もっぱら因果的な〔ボキャブラリー〕外在的関係を、規範的に正当化する内在的関係から区別することによってボキャブラリーの内部と外部の関係に鋭敏な峻別を置くことは、以下のリスクをおかしている。それは、信念の正しさの評価という、そのために事実が引き合いに出されるかもしれないような評価には〔真についてか正当化についてかという〕ふたつの種類があるのに、両者の区別を無視しているように見えるというリスクである。世界の事実は主張や信念を正当化できず、それゆえ正当化の資格付与という意味において信念を正しいものとすることができないと述べるのは、事実は主張や信念を真という意味において正しいものとすることができないと述べるのとは異なる。私は、ローティには正当化と真理の根源的分離を受け入れるつもりがないだろうと指摘した。結局のところ、主張の正当化とは、それが真であると考える理由の提供なのだ。私がいま素描してみせたのは、真理の評価と信頼性（したがって認識的資格）の評価についてのひとつのストーリーである。このストーリーは、ローティの抱える良心の呵責の根底にあると私が見ている、規範についてのプラグマティズムを重んじている。つまり、理由を与えたり求めたりすることから真理を根源的には分離させず、ボキャブラリーの適用とそれら適用が（真理の評価によって与えられる「応答」と、資格や正当化の評価によって与えられる「応答」のふたつの意味において）応答する事実とのあいだの因果関係が、どのようにして事実と主張のあいだの概念的に構造化された推論関係を支えることができるのかを示している。このストーリーは、私たちは意味論的な評価や認識的な評価についての規範的な語りをボキャブラリー内部に制限して、ボキャブラリーとボキャブラリーが取り組む世界との関係はただ因果的な用語のみによって理解しなければならない、ということを否定する。同時にそれは、ただ信念だけがほかの信念を正当化できる（もしくは推論的な根拠を提供するという意味において、信念だけがほかの信念を真にできる）という原則の一バージョンを受け入れている。それ〔らが成り立つの〕は、信じること（believing）から信じられたこと（believed）（もしくは信じられるもの（believable））を区別することによってであり、かつ、コミットメントや推論を帰属することと、コミットメントや推論を是認することとのあいだの社会的パースペクティブの区別に訴えることによってなのだ。以上を合わせると、こうした手を打つことによって私たちは、事実が信じることを正当化しており、かつそれを真にもしているような恵まれた場合においては、そうした事実について語ること、それを真なる信じられるものとして語ることができるのである。

私は友好的な修正案を出すという精神に基づいて、ローティの（意味論的関係や認識的関係は、因果的な関係とは対照的に、それらがすべて概念的な形を持った関係項たちのあいだで成立していると考える場合にのみ理解可能である、という適切な主張へと彼を導いたものである）良心の呵責は、私たちの主張が、事実によって因果的に条件づけられているだけでなく、真理と正当化の両方について、事実に対して規範的に応答する責任を負っているということを否定するようなことをせずとも満たされるのだと勧めてきたのだった。鍵となるのは、主張をおこなったり評価したり、理由を与えたり求めたりする、私たちの言語実践の社会的な分節化を、よりつぶさにみていくことである。しかしながら、もしこの再構成が成功しているとしても、ローティは依然として「事実に対応するものとしての真理」や「信頼できる因果的結合が理由を提供する」といった危うい言い回しを飼い馴らそうと試みるのは馬鹿げた課題を引き受けることだと考えるかもしれない。たとえどんなに従順に飼い馴らされたように見えても、これらの語法《イディオム》はいつだってその荒々しい本性を再びむきだしにして飼い主に襲いかかってくるおそれがあるのだと。いずれにせよ、本章の残りではこれらの提案が受け入れられるということを前提するつもりはない。

8　ボキャブラリーのボキャブラリー

二元論とは、その区別を引いたなら二種類のもののあいだの関係が理解不能となるような仕方で引かれる区別のことである。ローティは、ボキャブラリーという、その内部においてさまざまに特有な種類の規範的評価が整備されているものを、光子や蝶のように、互いにただ因果的にのみ関わりあっているようなものたちから区別する。後者のような事物は、互いの活動を規範的に拘束することはない。自身や互いに対して、ほかでもなくあることをおこなうようにと義務を負わせたり、資格を付与したりすることとは無縁なのである。こうした区別は、それなしでは〔つまり、因果と規範の区別という共通点なしでは〕カント、フレーゲ、ウィトゲンシュタイン、セラーズをも含むくらいに多種多様だった哲学者たちの思想の中心に見て取れるものだ。ローティによる「ボキャブラリー」の使用は、〔心身問題における〕二元論へのかの偉大な敵対者である彼自身を、規範と因果の二元論へと陥らせてしまうのだろうか。私はそうは思わない。しかし、この課題を追いかけることは、彼の思想を貫くいくつかの興味深い道筋を明らかにしてくれるのである。

一歩引いてみると、私たちは次のように言うことができる。一方に因果についてのボキャブラリーがあり、他方にボキャブラリーについての（つまり、陰伏的に規範的である言説実践についての）ボキャブラリーがあるのだと。両者の関係について何が言えるだろうか。第一に、それらが異なるボキャブラリーだということである。因果秩序と正当化秩序とのあいだのカント的な区別に関してローティが必要としたのは、これらのふたつの「秩序」が異なるボキャブラリーにおいて特定されるという事実に尽きているのかもしれない(10)。それらについて取り違えたり、混同したり、一緒くたにしてしまうのは間違いだろう。しかし、それらはただ異なるというのではない。例えば、因果のボキャブラリーとはひとつのボキャブラリーである。それはボキャブラリーについてのメタボキャブラリーにおいて論じることのできる事柄なのだ。ニュートン力学的な因果のボキャブラリーはどのように現れたのか、そしてそのボキャブラリーが私たちに抱くよう促している、私たち自身や私たちの活動についての疑問において、アリストテレス（Aristotle）的な因果のボキャブラリーとはどう違うのか、といった問いを立てることができる。ローティ自身、しばしばこうした疑問を追求し、それを通じて歴史主義への実践的コミットメントを表明している。しかし、ボキャブラリーを発展させ、適用するということは、自然に属する生物としての私たちがやることだ。私たちのそうした行動は、要するに因果的に条件づけられ、因果的に効力を持つような振る舞いの産物なのである。すなわち、ボキャブラリーを用いることとは、因果のボキャブラリーで記述できる多くのことのひとつなのだ。ローティはこの事実を決して見失わない。私たちによるボキャブラリーの適用と、私たちがそのなかでボキャブラリーを適用している世界とのあいだの因果関係を私たちに忘れさせまいと彼が強く主張するとき、ローティは自然主義への実践的コミットメントを表明しているのだ(11)。

私たちが因果的なボキャブラリーについて（その出現や特性、実践的なよしあしなどを）、ボキャブラリーのメタボキャブラリーを用いて論じることができ、そしてボキャブラリーについて（経験的ボキャブラリーにおける信頼できる弁別的反応傾向性の役割や、それを可能にする実践的な能力などを）、因果のメタボキャブラリーを用いて論じることができるという事実は、因果のボキャブラリーとボキャブラリーのボキャブラリーとのあいだの区別が、両者の関係を理解不可能とするような観点から引かれているわけではないということを示している。それゆえ、因果のボキャブラリーとボキャブラリーのボキャブラリーとのあいだに区別を引くことは、二元論というものが担うような〔本節の冒頭で紹介した〕機能を表出する役割を果たしてはいないのである。この問題に立脚すると、こうしたメタボキャブラリーが互いに与えあう相補的な視座について語りさえすれば、私たちが両者のボキャブラリー間の関係について言えることのすべて、あるいは少なくとも言う必要のあることはすべて言い尽くしたことになるのだ。

ローティの建設的な提案は次のようなものだ。特定の目標や目的を追い求めるうえで、道具をより役立つ、役立たないと評価することをモデルとして、私たちはボキャブラリーの規範的評価軸を理解することができる。道具的プラグマティズムのボキャブラリーを採用することに由来する基本的な利点のひとつだとローティが考えているのは、その語法《イディオム》が促進してくれる言説的多元論である。ひとたび課題が特定されたならば、道具を規範的に比較することができる。釘を打つためならば、ハンマーはレンチよりもよいものだ。しかし、単に道具として、ハンマーとレンチのいずれがよりよいのかを問うことは意味をなさない。道具の評価は、常に目的に相対的である。すなわち、何かを道具として記述することは、それは目的を持っているのだと述べることに尽きており、その何かしらの目的を特定することではない。同じように、ローティは私たちにどのボキャブラリーが他のボキャブラリーよりも、単にボキャブラリーとしてよりよいのかを問わないように、と説こうとしている。もしその目的がビリヤードの球が別の球に当たったときにどう動くのかを予想したり、誰かに「痛い」と言わせたりすることならば、因果的ボキャブラリーは用いるのにより適していると言うことができる。また、それにかわってブレイク（William Blake）とワーズワース（William Wordsworth）の詩の関係について論じたいならば、ボキャブラリーのボキャブラリーがおそらくより適していると言うことができる。(12)

表象のメタボキャブラリーに対する〔ローティの〕告発の主たるもののひとつは、このボキャブラリーが「どちらのボキャブラリーが表象としてよりよいのか」という問いを、さらなる目的を特定することなしに理解できると考えるように私たちをそそのかしているというものである。(13)「世界を鏡に映すこと」がそうした目的として理解されうるのは、それがなんらかのもっと大きな実践的文脈の一要素となっているときのみである。表象的なメタボキャブラリーが、メタボキャブラリーとしてその根幹に含んでいるコミットメントとは、「世界を表象すること」こそがすべてのボキャブラリーが共有する目的を明確にしたものであるという考えなのだ。あるいはそこまで強くなくとも、すべてのボキャブラリーがそれへと向けられているような目的、それに沿ってすべてのボキャブラリーを比較しうるような次元を明らかにしたものだと考えるのである。しかし、これが正しければ、問題となる当の目的は、私たちが慣れ親しんでいる雑多なボキャブラリーに共通する内容をまるで欠いている。それは「言語的」と呼ばれうる実践でありさえすれば、それをどう集めてきたとしても、そうした実践のうちに確言という意義を持つことになる振る舞いがいくらかあるという、ただそれだけによって贈られる空虚で形ばかりの賞賛なのだ。その賞賛は、見境のなさゆえに空虚である。それは比較、つまりより良い、より悪いという評価のための土俵を提供しない。(14)というのも、確言[2]とは、事物がどのようにあるかについて主張することでしかないからだ。すなわち、私たちは実践において確言を習得することから、実践における「事物のあり方の表象」という観念を把握するのである。言い換えれば、私たちがあれこれ主張をするときにおこなっていることが、事物のあり方を表象することなのだ。

ローティがボキャブラリーのボキャブラリーを導入する目的は、それを因果のボキャブラリーの代替物や競合物として推奨するためではない。ボキャブラリーのボキャブラリーは、ある目的のためには有用、ほかの目的のためには無用なものとして導入される。それは、〔因果のボキャブラリーではなく〕表象のメタボキャブラリーと置き換えようとしているのだ。というのも、ローティの論じるところによれば、表象のメタボキャブラリーは哲学者がそれを導入した当初の目的における有用性をもはや失ってしまったことが判明するからである。当初の目的とは、ボキャブラリーが一般に（そして、とりわけ近代物理学における因果的なボキャブラリーと日常生活における志向的なボキャブラリーのあいだの関係性が）どのように働いているのかを理解することだった。本章のこれ以降での私の目的は、こうした批判的議論をさらに検討することではない。目指すのは、哲学における先達たちの表象主義を捨てて、それと置き換えるようローティが推奨している道具的プラグマティズムをさらに探求していくことである。

9　道具としてのボキャブラリー

私たちがボキャブラリーを道具的に、つまり道具として考えるべきだとしたら、何をするための道具だと考えるべきだろうか。私たちがボキャブラリーをそれに照らして、そのよしあし、成功の程度を評価することになる目的は、ふたつの色合いを帯びている。というのも私たちは、目的を一方で自然主義者のパースペクティブから見えてくるものとして、また他方では歴史主義者のパースペクティブから見えてくるものとして、いずれとも考えることができるからである。ボキャブラリーは、進化的な対処戦略（coping strategies）と見ることができる。具体的に身体を持つ生物として、私たちは生存、適応、再生産〔生殖〕に関心を持っている。ボキャブラリーは、こうした生得的な目的を追求するための有用な道具になりうる。とりわけ因果的ボキャブラリーは、予測を可能にし、自然環境の支配を確保してくれる。いくぶん焦点を広げてみるならば、私たち自身が望んだり、追求したりすることは何であれ、たとえそれが私たちヒトの生理に根差していても、人間が社会生活を営む特定の歴史的環境に根差していても、個々人の生き方の個性に根差していても、何であれボキャブラリーを運用することは、自らが望むものを得るために役立つ手段たりうる。これこそが古典的アメリカン・プラグマティズムが概念的世界を動かそうとする際に梃子とした考えである。ボキャブラリーをこのように考えることは、実際にはそれらを（すでに記述可能な結果に対応する）因果〔原因〕のメタボキャブラリーの観点から考えることなのだ。

　しかし、ボキャブラリーには私たちがすでに望んでいたことを手に入れるのを助けてくれる以上のことが可能である。ボキャブラリーはさらに新たな目的を形づくり、定式化することをも可能にする。[15]ローティは次のように述べる。

ウィトゲンシュタインによるボキャブラリーと道具とのアナロジーはひとつの明白な欠点を持っている。職人は仕事のための道具を取り出したりつくりだしたりする前に、自分がすべき仕事がなんであるかを知っているのがふつうである。対照的に、ガリレオやイェイツ、ヘーゲルのような人物（私が用いる広い意味――つまり「物事を新しくする人」という意味――での「詩人」）は、自分がうまくやろうとしていること表わす言語を開発する前には、自分がやりたいことを正確に明らかにすることができないのがふつうなのだ。彼の新しいボキャブラリーがあってはじめてその目的自体の定式化が可能になるのである。(16)

ニュートリノが質量を持つのかどうかを決定するという目標を掲げることができた一九世紀の物理学者など存在しない。どれほど善良な人物だったとしても、自身の統治下にいる個人の人権を尊重しようと決意できた古代ローマの統治者も存在しない。〔同様に〕典型的な家族幻想によって刻み込まれたジェンダーロールの固定性のせいで個々人の生にもたらされる被害を表現しようと試みることができた中世の詩人もまた存在しない。実際、プラグマティズムそのものが格好の例だ。レイモンド・ウィリアムズ（Raymond Williams）が指摘しているように、「問題（problem）」や「解決（solution）」といった言葉は、その当時めったに使われることがなく、（数学における）専門的な用例があるくらいで、欽定訳聖書にも決して現れないほどだった。（「幸福」もまた同様である。）私たちデューイ以降の人間に、はたして問題を探し、その解決を求めるということに基づいて整理されていないような個人的、専門的、政治的な活動に携わるような人々にとって自然であった世界でのあり方など、理解できようはずがあるだろうか。

さて、目的とは増えもすれば減りもするものだ。もはや病床の患者の胆汁を〔瀉血などの手段で〕排出しようとする内科医などありえまい。クレメンス・メッテルニヒ（Klemens Metternich）のごとく王に与えられた天与の権利をあらためてしっかり確認することを目指すような政治家もおるまい。また、ジョン・ミルトン（John Milton）の目的を採用して「神の配慮《おもい》の正しきを、人々に証明《あかし》する[3]」ために詩作するような現代詩人は極めてまれだろう。ローティの言説的プラグマティズムの際立った特徴は、ボキャブラリーの変化が、どのような目的が私たちの手の届く範囲にあるのかということを変化させるのに関して果たす役割について、この歴史主義的な観点をどれほど真剣に扱っているか、ということにある。ボキャブラリーの変化が目的の変化をもたらすということは、新奇な目的を生み出すことと、慣れ親しまれた目的を時代遅れや無関係なものにしたりすることとの双方によってなされる。ボキャブラリーについてこのように考えるのは、それらを因果のメタボキャブラリーからではなく、ボキャブラリーのメタボキャブラリーの観点から考えることである。というのも、それは新しい結果ではなく、新しい記述をもたらすことに着目するということなのだから。

この洞察は、次の問いに対して表象主義一色の回答を棄却するための新しい理由を提供する。すなわち、ボキャブラリーとは何のためにあるだろうか。ボキャブラリーとして仕えるところの目的とは何だろうか。表象主義の回答は、ボキャブラリーとは常にすでに事物がどうなっているのかを表象するための道具であるというものだ。これは、ボキャブラリーにはこの任務の巧拙に基づいて序列が与えられる側面があるという考えを伴っている。こうした回答は、広義の自然主義のパースペクティブから見えてくるような目的を達成しようとするうえでボキャブラリーの果たす役割だけに注意を向けるなら、その限りにおいては理解できる。ボキャブラリーの要点を、私たちが生存し、適応し、生殖し、〔新しいボキャブラリーを使う〕以前から特定可能な欲求や要求を確保することを助けるものと考える限りにおいて、私たちがそのなかでこうした目的を追求するような環境に備わった、本当にボキャブラリーから独立した構造をかたどることは明らかに役立つだろう。ただ、もし私たちが注意を払う範囲を広げ、自分たちが求めるもの、あるいは必要なものでさえ変化させるというボキャブラリーの果たす役割にまで目を向けるならば、表象主義の描像が提供しうるものはずっと不明瞭になる。歴史主義のパースペクティブから見ると、あらゆるボキャブラリーが単にボキャブラリーとしてそのために存在するような何ものかについて語ることがもしも有意味ならば、その回答はボキャブラリーが新たな目的を生成するためにあるという見解を最も重視するに違いない。ボキャブラリーのこの機能は、表象主義者による全体主義からはまったく扱われないのである(17)。

　これら二種類の目的、つまり自然主義者が好むボキャブラリーに潜むコミットメントによってもたらされるパースペクティブにおいて何よりも高くそびえたつ目的と、歴史主義者が好むボキャブラリーに潜むコミットメントによってもたらされるパースペクティブにおいて何よりも高くそびえたつ目的とは、ボキャブラリーがうまくいっているだとか、いっていないだとかの評価に際して、構造的に異なる評価の仕方の供給源となる。そして、それによって構造的に異なった概念的ないし言説的な進歩という観念の供給源となるのである。第一の種類の〔自然主義的な〕目的を達成するに際してのボキャブラリーの相対的な成功度合いの評価とは、少なくとも原則的に未来を見据える形で（*prospec-*

tively）利用可能になるものである。そして、第二の種類の〔歴史主義的な〕目的を達成するに際してのボキャブラリーの相対的な成功度合いの評価とは、少なくとも原則的に過去を振り返る形で（*retrospectively*）利用可能になるものである。

社会的な生物としての私たちに備わった身体のありようや、そうした私たちが携わる活動に見られるような根本的な特徴に根差した関心は、私たちのボキャブラリーの特徴というそれよりもせせこましいものを超越したものである。こうした関心は、すでに廃れたボキャブラリーに慣れ親しんでいた人々をも、その〔自然主義的な〕関心を追求するうえで、各々の試行錯誤の相対的な成功をなんらかの権威を持つものとして評価するような立場に据える。例えばアリストテレスは、徹底した再教育を受けるのでもなければ、彼が生きた時代以降、物理学において私たちが成し遂げてきた大いなる概念的進歩を理解できないだろう。しかし、彼は私たちが人口を爆発的に増やし、高いビルを建て、空路で移動したり貨物を運んだりするなどといった事柄について、著しく融通が効くようになったのだということはただちに理解できるだろう。なぜなら、私たちの技術というものは、やろうとしていることと自体はアリストテレスがもとから完全にわかっていたようなことに取り組むうえで、ごく単純明快に、より優れているのである。他方、電子の電荷をより正確に測定するということは、同じ意味合いにおいて彼が〔その目的を〕もとからわかっていたようなことではない。古代ギリシアの哲学および文学が保存されたこと、言い換えれば彼らのボキャブラリーが保管されたのは、初期アラビア世界がギリシア医学の実践的な成果を高く評価したことのおかげである。アラビア人たちが、もしギリシア医学から学んでいなければ死に至っていただろうと承知していたようなたぐいの戦場における傷や病からであっても、ギリシア人の医師たちは兵士を救うことができた。こうして、ギリシア医学への関心がなかったならばアラビア人たちの心を動かすことはなかったような学術理論に関しても、それを大切に保存し、翻訳することへの動機が与えられたのである。なぜなら、〔ギリシアの〕医学実践はアラビア人も共有する関心に応答していたからなのだが、他方で、ギリシア人が実践から切り離すことはできないと主張していた当の〔哲学や文学などの学術的〕理論は、その〔ギリシアという〕異国のボキャブラリーでのみ定式化できるような関心に応答するものだったのである。このような事例において、目的を達成するうえでの進歩というものは、〔同じ目的において〕より成功していない方のボキャブラリーを用いた人々からでさえ看取することができるようなものなのだ。

対照的に、特定のボキャブラリーの産物としてのみ理解可能であるような、洗練された関心事は、その本質において過去を振り返る形でしか可能でないような進歩と成功の評価を生み出す。物質の本性についての、成熟した原子論（と私たちが思っているもの）の、とりわけ見通しの効いた見地からすると、私たちは過去を振り返って、デモクリトス（Democritus）、ルクレティウス（Lucretius）、ジョン・ドルトン（John Dalton）、そしてアーネスト・ラザフォード（Ernest Rutherford）の歩んだ漸進的な道程というものを理解する（実のところ、ある重要な意味合いにおいて、それを構築する）ことができる。また、こうした着実な歩みを、宇宙に満ちる得体のしれない構成物は無限に分割できるという考えを信奉していた者たちの失敗と対比することもできる。一九世紀の写実主義の画家たちは、時空間において固定された一点から観察者が用いることのできる視覚的情報を絵画のなかで精確に伝達するという目標に向けて一直線に至る方法を獲得し、彼らはそのとき芸術史をホイッグ史観[4]的に書き換えることができた。つまり美術史を、遠近法の発見のような画期《エポックメイキング》的な出来事によって形づくられるのだとみなすことによって書き換えたのである。中世の画家たちが、後世の絵画作品を自分たちがやろうとしていたことをよりうまくやったものとして見るなどということをするはずもないし、できるはずもない。描写の写実主義における進歩の評価は、本質的に過去を振り返る形になっているのである。(18)

技術や理論の進歩の評価とは、あらかじめ定まった一群の目的を達成するうえでの異なるボキャブラリー同士の相対的な成功度合いを査定することである。こうした査定には、当該の目標がなんらかのボキャブラリーによって特定されていることが必要になる。私がいままさに指摘している構造的な差異というのは、査定されるすべてのボキャブラリーによって特定できる目的と、ボキャブラリーの特権的な部分集合、極限としてはそのひとつによってのみ特定可能な目的との差異というものを反映している。自然主義的プラグマティズムは、第一の種類の目標を達成するための有用性という観点のみからボキャブラリーが査定されることを許容する。歴史主義的プラグマティズムは、第二の種類の目標を達成するための有用性という観点からもボキャブラリーが査定されることを許容する。自然主義的プラグマティズムは、還元主義と実利主義（philistinism）に陥る危険を自ら招き寄せる。私たちは、ロマン派の詩に対して、それが人類の適応性と長期的な生存可能性になんらかの貢献をしたのかと問いただすことによって造作もなく追放してしまうようなことさえできるのだ。他方、歴史主義的プラグマティズムは、ひとりよがりの空しい自己満足に陥る危険を自ら招き寄せる。なぜなら自分たちの伝統について、現在のボキャブラリーを頂点とするような単調な道程として合理的に再構成することで、過去を振り返ってホイッグ史観的な物語を語ることはあまりにたやすいからである。私たちは誰でも、自分たちの科学研究機関が宗教的な狂信者たちの掌中に落ちてしまうということを極めて容易に想像しうるだろう。その狂信者たちは、今日の科学から自分たちの〔信奉する〕間の抜けた理論への革命的転換こそが、どのように麗しさという本質的な次元に沿って神へと至る決定的な進歩を体現しているのかをうんざりするほど事細かに描写することができてしまう。そして不幸にして哀れなることに、その目的は二〇世紀の自然科学の貧しいボキャブラリーにおいては目指されることさえないものであって、それは電子の電荷を計測するという目的がアリストテレスのボキャブラリーにおいて目指されることがないのと同様なのである。

ひとたびこれら二種類の目的が区別されたならば、それらがどう関わっていると理解されるべきかについて考えてみることは、誰がどう見ても重要だろう。自然主義的パースペクティブと歴史主義的パースペクティブの双方をいつも視野に入れ続けるよう試みることこそ、ローティが発展させてきた哲学のボキャブラリーの中心にして本質的な特徴なのである。還元的自然主義者は、自らのストーリーからボキャブラリーが私たちに与えてくれる決定的に重要な実践的能力というものが省かれてしまっていることを自覚せねばならない。それは紛うことなく新奇な目的を形づくり、そして真の意味で私たち自身をつくり直す能力なのである。無批判的な歴史主義者は、怠惰な相対主義か自己満足的な偏狭性かのジレンマに囚われることから自由にならなければならないが、それにはボキャブラリーを超越し、私たちが相対的な評価をおこなうことを可能にしてくれるような目的が存在するということを思い出す必要がある。狂信者たちも、技術的に保証されうるのでもない限りは伝統的な自然科学を上回る理論的進歩を主張することなど許されるべきではない。問題はこうだ。狂信者たちは自身の理論に基づきつつ、機械を稼働させ続けることと、そしてアリストテレスに見せたなら私たちの技術が彼の知るそれよりすごいと納得させただろうし、現代の科学者たちには「私たちの後継者なら確かにそういう進歩をしたはずだ」と確信させるような、そうした共通する実践的な目的を達成することにかけての進歩を遂げ続けることとの両方が可能だろうか。プラグマティズムとは、自然主義と歴史主義、共通の目的と新奇な目的というふたつのパースペクティブのどちらか一方に制限されたものではなく、両者から生じる補完的なボキャブラリーを含んでいるものとして捉えられるべきなのである。

10　ボキャブラリーと公／私の分離

ローティがこの課題に明示的に直面することになる舞台は、最初は驚くべきものに見えるかもしれない。すなわち、それは政治理論なのだ。ローティの思想を特徴づけるひとつの点は、人々を受肉したボキャブラリー（incarnated vocabularies）と捉えるような哲学のボキャブラリーを採用することが、明確に政治的な意味合いを持つのだと彼自身が確信していたことである。[19] この確信が共有されているという点こそ、彼がデューイに寄せていた強い親近感の強固な支えのひとつであり、両者の用法にはいくつもの重要な差異があることを確認してもなお「プラグマティズム」という〔同一の〕タグを採用し、これを改良していることにおいて潜在的な系譜関係があるという根拠なのだ。さらに、このコミットメントはユルゲン・ハーバーマス（Jürgen Habermas）とのあいだでも、ある重要な接点を示している。このふたりの哲学者は、互いの袂を分かつ争点の重要性と趣旨とをすぐに力説するのだが、にもかかわらず両者はそれぞれ言語への哲学的探究から実質的な政治的帰結を引き出そうとつとめている。〔彼らを見れば〕哲学者として研究することの果てに、哲学とは多くの記述の仕方のひとつにすぎない、哲学とは独自の課題や時間を超えた本質によってではなく、受け継いできたボキャブラリーや忠誠を誓うテキストによって特定されるようなものだ、というような見解へと至った知識人(intellectual)が、文学や批評といったほかの種類の営みと哲学との関係をどのように語ることになるはずなのかはすぐにわかる。自身の研究をより広範な文化において位置づけ、それに対して持つ意義を発展させようとすることは、つまるところ、こうした知識人に特有の使命なのである。権力を体現する〔政治〕制度という、伝統的に単なるおしゃべりとは異なるとされてきたものと私たちとの関係について、どのようにすればボキャブラリーのボキャブラリーが教訓を与えてくれると考えられるのかを理解することは、おそらくより困難だろう。ただし、ローティにとってボキャブラリーのボキャブラリーとは、どこまでいってもボキャブラリーでしかない。

彼が導き出した教訓の多くは批判的なもので、それは議論の土壌を開墾するようなものだった。批判の例を挙げれば、権利や義務といったボキャブラリーの適切さや有用さはなんらか特別な種類の事物〔権利や義務〕の実在に基礎づけられねばならない、とか、あるいはまた、異なるボキャブラリーが私たちを別様に語らせるのだとしたら、その限りにおいてそうした代替可能なボキャブラリーは〔実在を〕つかみ損ねているか、少なくとも見過ごしているに違いない、などといった考えを捨てよ、と述べたのである。つまるところ、ローティが念頭に置いているものは、因果のボキャブラリーによって記述可能な、あらかじめ存在する事実の構造ではなく、たまたま選択されたボキャブラリーによって制定された権威の構造に存するということがわかる。しかし、この領域においてローティがおこなった最も基本的な積極的提言は、ボキャブラリーの公共的な使用と私的な使用とを鋭く峻別することによって政治的な叡智がはじまる、というものである。[20] 私たちがそのなかで互いに公共的なやりとりをおこなうようなボキャブラリーは、共有されているものでなければならない。それら〔公共的ボキャブラリー〕は、残酷さや屈辱、不公正を最小化するという目標、および残酷さや屈辱、不公正を最小化することと両立可能な範囲において他者から干渉されずに私的な目的を個々人が追求することができるような空間を創出するという目標とに合致しているのである。私たちの私的ボキャブラリーは共有されている必要がない。それら〔私的なボキャブラリー〕は、私たち自身を再記述することによって自らを再創造するという目標に合致している。それは、私たちの受け継いだボキャブラリーを新奇的で予測不可能なやり方で変形させ、こうした新たなボキャブラリーを媒介として視野に入ってくる個々人に特有の目標を追求することなのである。アリストテレス、ロック、カール・マルクス（Karl Marx）、ミル、デューイ、ジョン・ロールズ（John Rawls）、そしてハーバーマスは公共的ボキャブラリーの理論家、実践者、そして賞賛者であり、その仕事は、共有された目標およびプロジェクトの定式化と追求を可能にすることで、共同体を存続させ、仕上げることである。ヘンリー・デイヴィッド・ソロー（Henry David Thoreau）、セーレン・キェルケゴール（Søren Kierkegaard）、ニーチェ、シャルル・ボードレール（Charles Baudelaire）、ハイデガー、マルセル・プルースト（Marcel Proust）、そしてウラジミール・ナボコフ（Vladimir Nabokov）は私的ボキャブラリーの理論家、実践者、そして賞賛者であり、その仕事は新奇な個人的目標およびプロジェクトの定式化と追求を可能にすることで、個々人の自我を変容させ、仕上げることである。公共的ボキャブラリーは私たちが互いに応答しあうことを統べている規範を明らかにし、私的ボキャブラリーは私たち各々が自分自身に応答することを統べている規範を明らかにする。

ローティは公共的な言説と私的な言説とのあいだの区別を次のように捉えている。つまりそれは、一方に安定した、共有されているボキャブラリーによって営まれる思考や語りがあり、他方に新たな、一人ひとり個別なボキャブラリーを創出することでそういった既成のボキャブラリーを超克するような思考や語りがあるという〔一般的〕区別のひとつの特殊例なのだ。「我々」意図（'we' intentions）を形成するような共同体-構成的行為およびこうした行為が組み込まれている理由を与えたり求めたりする営みというものは、私たちの公共的ボキャブラリーの使用に陰伏している、共有された規範とコミットメントによって可能になっている。〔他方で〕詩人と革命的な科学者は、自分たちが継承したボキャブラリーから抜け出して、その時点では仲間たちが夢見ることさえなかったような新たなボキャブラリーを創造する。新奇なボキャブラリーの創造は程度の差こそあれ私たちみなが参加しうる活動ではあるのだが、私たちは「我々」の発展に向けた配慮を公共的に成立させるボキャブラリーと、「私」に向けた関心事を私的に成立させるボキャブラリーとの通約不可能性（incommensurability）[5]を認識すべきなのだ。ローティは次のように述べる。

しかしながら理論のレベルでは、自己創造と正義とを統合する方策は存在しない。自己創造のボキャブラリーは必然的に私的なものであり、共有されず、論議には馴染まない。一方、正義のボキャブラリーは必然的に公共的なものであり、共有され、論争を交わす際の媒体となる。

彼は私たちに次のように勧める。

自律を語る書き手と正義を語る書き手との関係は、二種類の道具のあいだにある関係――つまり絵筆とバールのように、掛け合わせる必要がほとんどない関係――なのだと考えてみよう。前者にあたる書き手によって、私たちは社会的な徳が唯一の徳ではないということ、そして自分自身を実際に再創造することに成功した人が幾人かはいたという事実を理解できるようになる。そのことによって私たちは、新しい人格、つまり私たちがまだそれを記述する言葉を持たない人格になるという、自分自身にさえもまだはっきりとしていなかった要求を、自らのうちに見いだすことになるのである。また、後者にあたる書き手によって、私たちの制度や慣行が、日常生活で用いられている公共的で共有されたボキャブラリーを通じて私たちがすでに引き受けている信条を、じつは実現していないことに気づくようになる。前者の教えるところによれば、私たちは自分の仲間うちの言語のみを話す必要などなく、自分独自の言葉を見つけてもよいのであり、そのような言葉を見いだす責任を負っているとも言える。他方、後者の教えるところによれば、こうした責任は私たちにとって唯一の責任ではない。両者はともに正しい。ただし、両者に単一の言語を語らせるすべはないのである。［…］

自己創造の要求と人類の連帯の要求と［は］、互いに等しく妥当ではあるが、永遠に通約不可能なものなのである[21]。

ここでは道具のメタファーが用いられることによって、リベラルな共同体のボキャブラリーを用いることに陰伏しているような共有されたコミットメントを引き受けることと、同時に、新たな可能性と目的をもたらしてくれるような独特のボキャブラリーを用いることにおいて表現されたアイロニカルで浮世離れした心ある創造性という態度を身につけることとが、実践的には両立可能であるということが理解できるようになっている。これらふたつの生活形式は、ローティの関心において等しく大切なものであり、受肉したボキャブラリーとしての私たちのあり方を描き出す、彼の広い描像の中心に位置づけられている。公共的生活のボキャブラリーと私的生活のボキャブラリーとを厳格に分離させ続けたならば、私たちはふたつの人生を送ることができる。ボキャブラリーを道具として解釈するというボキャブラリーこそが、この分断を整合的で非二元論的なものとして解釈するための、ローティにとって最も重要な道具である。なぜなら、もしボキャブラリーがボキャブラリーとして、まさにそのためにあるようななんらかの特定の目的——例えば自然を鏡に映すこと、すなわち私たちがそこから自らの責任を読み取るべきである事物のあり方が本当のところどうなっているのかを表象すること——がいっさい存在しないとすれば、私たちは伝統を持続させるボキャブラリーと伝統を変形させるボキャブラリーとを、各々で別の目的に仕えており、それゆえに競合しないものとして単純に見ることができるからである。

さて、私たちの人生におけるこれらふたつの言説的な側面のあいだの関係性について、それらが区別でき、そして互いに競合しないという見解以上に何を言うことができるだろうか。私の考えでは、それらは前節で述べたプラグマティズムのふたつの次元を表現したものとして理解することができる。つまり、公共的言説は共通の目的に、私的言説は新奇な目的に、各々対応しているのである。個人消費のために芸術家によって鍛造された新奇なボキャブラリーは、そうしたボキャブラリーの一員となる者たちにだけ認められるような新たな目的と計画を形づくることを可能にする。こうしたボキャブラリーが実現する個人の再創造というものは、ある特有な成功の評価を可能にするのだが、それは本質的に過去を振り返る形のものになる。なぜなら、未来を見据える形で、つまり、もはや変形され、乗り越えられてしまった過去のボキャブラリーから見たならば、いま現在自分が労力を向けている当の目的を理解することさえ一概にできないからである。対照的に、ローティが構想している公共的ボキャブラリーを構築し、方向づけるような包括的目標は、多種多様なボキャブラリーにおいて共有されているか、少なくともそれら複数の観点から理解可能である。残酷さを最小化することは、究極的に言えば、痛みというものを私たちのような生物にとっての害悪の兆候とする生物学的なコード処理に根差した目標である。我々のうちの誰かひとりが苦痛を受けることを、まずもっての基準ないし初期設定《デフォルト》として忌み嫌うことは（我々でない誰かのうちのひとりに、ではないかもしれないが）、結果としてあるひとつの我々というものを成立させ、維持するうえで最も基本となる態度のひとつなのだ。そして、生物学的なありようをその本質とする生物にとっては苦痛が危害を感じる典型であるのとちょうど同じように、社会的なありようをその本質とする生物にとっては屈辱こそが危害を感じる典型なのである。これらはまさに自然主義者としてのプラグマティストによって強調された、ボキャブラリーを超えて共有される目的なのだ。

さて、リベラルな理論家としてのローティが私たちの公共的言説にとって基本となるべきと強調する、その他の市民共通の目標についても同じことが言えるだろうか。〔国家や共同体レベルでの〕集団行動に向けた計画の影響をこうむる人々が、そうした計画の採用に至る熟議において発言権を持つべきだという意味での正義を希求することと、各個人が純粋に私的な目的を追求するための、行動と言説における適当な空間を確保するという意味での自由を希求することとは、見たところ〔残酷さや屈辱の最小化とは〕異なる身分《ステータス》を持っている。こうした目標が〔先のものと違い〕あらゆる政治的ボキャブラリーの住人たちに共有されているわけではないのは明白だ。それは歴史的に言っても、あるいは現在の世界においてもそうだろう。かくしてローティは一貫して、〔ロックやカント、ヘーゲルの担った役割に後続する〕ロールズやハーバーマスのような思想家たちによる、こうした〔正義や自由といった〕目標へのコミットメントがあるボキャブラリーにおいて理由を与えたり求めたりする営みそれ自体に、常にすでに陰伏していることを示そうという英雄的な努力というものに対して懐疑的なのである。ローティにとって、この種の関心に訴えることの実践的な効用は、私たちの身体のありようや社会的な本性といったものに相対的であるばかりか、私たちの置かれた歴史的環境にも相対的なのだ。こうした〔正義や自由のような〕留意事項が、あらゆる可能なボキャブラリーから提供される視座において差し迫ったものであると考えられると強弁することは不可能であり、また不必要でもあるということは、リベラルな政治体制でさえそれを可能にする条件には偶然性がつきまとうという認識の結果なのである。それでも、その最小限の意味における正義と自由という目標は、私たちが自らの現実の状況において自らの現実の伝統でもって、公共的ボキャブラリーによる政治的な主張を差し向けたい対象となる人々の心を動かしはしないかもしれないが、とはいえそうした目標は明らかにその人々にも理解可能ではあるのだ。正義と自由という目標と、少数の専制的な特権階級が無慈悲なまでに私益を公然と追求することとが衝突することによってもたらされる問題は、それがアテネであろうとワシントンであろうと、論争の参加者たちが互いの目標を理解できないことではない。両者は互いの言い分を知り尽くしている。問題はもっと実践的なものであり、あまりにしばしば誤った側が勝利をおさめるということなのだ。この種の対立は、共有された公共的ボキャブラリーの存在と矛盾するものではない。〔実際、発展した豊かな地域に限らず、世界的に見られる現代の政治的言説の際立った特徴は、それが幅広く、論争の一方には、その最小限の意味における正義と自由があり、他方には少数の専制的特権階級による私益の公然たる無慈悲な追求があるという対立構図から捉えられるということにある。〔世界中の〕論争者たちのあいだでの不一致は、具体的に誰が抑圧者で、誰が被抑圧者なのかということだけなのだ。〕

11　言説的実践

こうした公共的／私的の分離を、プラグマティストが訴えることのできる二種類の目的、つまり出発点として因果のメタボキャブラリーを採用する自然主義者のパースペクティブから最も際立つ目的と、出発点としてボキャブラリーのメタボキャブラリーを採用しはじめる歴史主義者のパースペクテイブから最も際立つ目的という二種類の目的と重ねることは、ふたつのパースペクティブのあいだの補完的な関係を概念化するためにボキャブラリーのボキャブラリーを用いる方法を示唆している。というのも、このように考えることは、決まりきった目的と新奇な目的との区別を強調することであり、それゆえ、共有されている、伝統を維持するような規範と、特異な、伝統を変形させるような振る舞いとのあいだの区別を強調することでもある。そして、これら両者が互いを前提とし、互いに関わっているようなあり方こそ、具体的な言語的実践の本質なのである。

なぜならボキャブラリーを非言説的な道具から区別する特徴とは、新奇な主張を生成し、それゆえ新奇な目的を生み出すという機能だからである。四十年前、チョムスキー（Noam Chomsky）は、人類の言語において新奇性は例外であるどころかむしろ標準なのだという画期的な発見をした。事実、大人のネイティブスピーカーによって発話されるほとんどすべての文は新しいものだ。それも、当該発話者が過去に発話したことがないという意味ばかりでなく、さらに驚くべきことには過去に誰ひとりとして発話したことがないという意味においてさえそうなのだ。「よい一日を」「お腹がすいた」「後悔するだろう」などといった比較的少数の使い古された文は、確かに頻繁に用いられるかもしれない。しかし一本の論文、例えば本章からランダムに選ばれた、引用ではない文が過去に一度でも使われていたことがあるなどということは、まるでありそうもない。このように新奇性が数的に優越しているのは、大学教授が語るような特別なボキャブラリーと複雑な文に特有のものではない。私たちの日常生活における日々の活動を営むためのおしゃべりでさえ、大半はそのままの並び順では過去に決して現れたことがないような単語の連なりである。かつて誰ひとりとして精確に「もし雨が降ったなら、車のトランクから野球道具とピクニック用品とを両方とも運び出さないといけない。なぜって雨漏りするからね」と述べたことがないというのは、ほとんど確実だろう。すなわち、ある感情が決まりきったものであったとしても、その表現までそうであることはほとんどないのだ。（サミュエル・ジョンソン（Samuel Johnson）以前に、知り合いのことを「どんよりと聡明で、ぶっきらぼうに親切な（obscurely wise and coarsely kind)[6]」と評した者がいたなどということがありえようか！）この現象は、話されたり書かれたりした文の大規模コーパスを調べることで、経験的に何度も確かめられている。そして、それは容易に第一原理からおおむね導くことができるのである。例えば〔一方で〕ベーシック英語[7]のごく制限された五千語程度のボキャブラリー（おそらく本章の読者たちは、それより桁違いに多い英単語を受動的に理解するのみならず、能動的に使用することもできるだろう）から単純な構文に沿って生成される二十語かそれ未満の文の総数と、〔他方で〕もしも全人類がただ英語だけを話し、かつ文の発話だけをすると仮定してさえ、世界史において発話する機会のありえた文の総数とを比較してみればよい。

さて、この新奇性の一部は概念的にはとるに足らないもので、本質的に同じ考え（と私たちが呼びたいもの）を伝達する多くの手段が存在するという問題でしかない。しかし、大部分はそうではない。不注意な言い間違いは日常会話では素通りされうるが、そこから離れて文学の方向（ここで示そうとしている次元を特徴づけるテキストの最たるものは詩である）、あるいは冶金学のような応用科学分野の方向（この次元を特徴づけるテキストの最たるものは基礎物理学の数学的言語で表現される方程式である）に進めば進むほど、語の異なった連なりを用いることがなんらかの重大な差異を言わんとしているということがわかる。ボキャブラリーが専門的になればなるほど、語彙ないし構文上の差異は推論的な振る舞いにおける実質的な差異を伴い、そしてそれによって概念的意義を伴うようになる。たいていの場合、新奇な文を発話することは新奇な主張をおこなうことなのだ。この点で、日常的な語法《イディオム》と専門的なそれとの差異は、ただ程度の問題である。しいて言えば、日常生活においてもともと見て取れる現象が、より専門的な分野の語法《イディオム》においてはさらに顕著になるのだ。

新奇な主張は新奇な推論帰結を伴っており、それは新奇な異議申し立てにさらされ、新奇な正当化を必要とする。理由を与えたり求めたりするゲームとは、主としてこうした新奇なコミットメントの可能性を受け入れること、つまり、そのコミットメントから帰結するものと、それが資格付与されているために必要になるはずのものとの双方を吟味することなのである。私たちは人生の大半を人跡未踏であるような推論の大地の上で過ごす。確かに、ある新奇な主張がほかのどんな主張にコミットさせるのか、どんな主張と両立しえないのか、そしてその主張に資格付与するものは何なのかといったことは、そうした主張をおこなう際に用いる概念をあらかじめ統べている共有規範によって、ある意味で制御されていなければならない。それは推論的な〔前件から後件への〕移行はその正しさについて、こうした規範に応答責任を持つという意味〔における制御〕であるが、しかし、あらかじめ成立している規範を、この過程を決定しているものとして考えるのは単に誤りである。新奇な主張の持つ推論的な意義を吟味するとき、私たちは単に前もって決定されていた道筋をたどっているわけではない。それは、概念の使い方を統べている推論的規範というものが、天から授けられた石板によって私たちに受け継がれた〔十戒のごとき〕ものではないからである。それらの規範はあらかじめ完全であったり、互いに整合的であることを保証されていたりするわけではない。それらはせいぜいのところ、新奇な主張を評価する際に私たちをある方向に向かわせるような制約にすぎないのである。それらは規範同士の相互作用の結果としての合成ベクトルを確定しているわけではないし、それらの規範自身もまた相容れない複数の主張同士やこれまで互いに直面したことのなかった複数の推論的コミットメント同士の衝突の結果として変容することを免れているわけでもないのだ。

本来の意味での哲学が誕生したのは、プラトン（Plato）がソクラテス（Socrates）の流儀を、理解をしたり説明を与えたりする明示的な対象として扱ったときだった。ソクラテスの流儀とは、新奇な主張を引き出し、〔そのコミットメントと〕対話の相手がもともと引き受ける方に傾いていたコミットメントとの新奇な組み合わせをつくりだすことで私たちの概念を吟味し、疑い、そして整え、それによって、それらの潜在的に両立不可能な諸帰結をさらけ出すというものだった。ソクラテスは、私たちのさまざまなコミットメントの、そして実のところ、私たちが用いる概念の整合性とも言い換えられるような共有可能性（cotenability）について、自分たち自身〔の既存の理解〕に照らして調べることがどのようにして可能なのかを示したのである。こうしたソクラテス的合理性に特徴的な訓練に従事することは、主張を是認し、推論をおこなう際の私たちの傾向性というものを典型的に変化させる。その変化が著しい場合には、結果として私たちが忠誠を誓っているところの概念的規範の変化、すなわちボキャブラリーにおける変化を生じせしめるのである。このような変化は、一方の終端に意味の変化のようなものがあり、もう一方の終端に信念の変化のようなものがあるという次元に沿って、ある程度は整理することができる。

ダメットは不適切な侮蔑語の格好例として、「ボッシュ（Boche）」という〔幸いなことにいまでは廃れた）表現を挙げている。それが適切に適用される状況は、ある人物がドイツの国民性《ナショナリティー》を備えていることであり、その適用の帰結は、〔当該人物が〕野蛮であるということ、ないしほかのヨーロッパ人よりも残酷な傾向にあるということである。(22) この語を用いること、この概念を適用するということは、当該の適用状況からその帰結への推論が適切であると受け入れることへと使用者をコミットさせる。もし、この概念の持つ推論上および信念上の可能性についてのソクラテス的な吟味が、ひとたびそこに陰伏する推論的コミットメントを明示化し、そして話者がその推論を是認しないのだとしたら、その人はこの概念を手放し、以降はこの語を用いることをいっさい拒絶しなければならない。これは最も意味の変化らしき事例ではあるのだが、それが当該の意味に対して、おそらくはバッハ（J. S. Bach）とゲーテ（J. W. Goethe）とカントの国たるドイツについての具体的な信念を突きつけることによって生じているということに留意しよう。また一方、私は何かが酸っぱいということから、それは酸性であるということへの推論にコミットし、さらには何かが酸性であることから、それはリトマス試験紙を赤くするということへの推論にもコミットしているかもしれない。このとき、もし私が、酸味を帯びており、かつリトマス試験紙を青くするようなものに出くわしたならば、問題を抱えることになる。ここで私がすることが酸というものについての信念の変化とみなされるべきなのか、それとも酸ということで私が意味していることの変化とみなされるべきなのかは明らかではない。すべての緑色のトラクターがジョン・ディア製ではないし、すべての赤色のトラクターがインターナショナル・ハーベスター製ではないという発見[8]は、このスペクトラムにおける信念－変化の終端にかなり近いところに位置づけられると思われる。しかし、本章一節で確認したように、ボキャブラリーのボキャブラリーとは、そもそも私たちに意味の変化なのか信念の変化なのかという問題に二者択一的に回答するようコミットさせていた意味と信念という理論的ボキャブラリーが、実践的に不十分であるという認識を精確に表現するために導入されたものであった。

それゆえ、クワインのもともとの論点をさらに発展させる必要がある。私たちがおこなうすべての主張や推論は、そのただなかで〔主張や推論の〕過程を統べている概念的規範が陰伏している伝統というものを持続させると同時に変化させる。意味－信念という語り口に取って代わるボキャブラリーのボキャブラリーは、概念的規範を適用することとそれらを変形させることとは表裏一体であるという私たちの認識を具現化し、それを表現するものでなければならない。（これこそヘーゲルが「概念の寄る辺なき否定性（restless negativity of the Concept）」について語ったことの要点である。）概念的規範の持つ唯一の実践的な意義は、それらが概念の使用および適用をつかさどるうえで関連する規範と一緒になって果たしているところの役割にある。その使用は、主に新奇な主張や新奇な推論をつくりだすことである。そして、そうすることは私たちがしがちな主張を変化させるにとどまらず、それによる概念そのものの変化にまで否応なくつながっている。ボキャブラリーを使用することは、それを変化させることなのだ。これこそがボキャブラリーをほかの道具から区別するのである。

前節において言及したように、ボキャブラリーのボキャブラリーを採用して、私たちの言説の私的な次元から公共的な次元を区別しようとする際にローティが自らを位置づけているのは、ハーバーマスこそが最も影響力を持つ同時代の実践者であるところの伝統である。それはカント的プロジェクトをより現代的な道具立てから追求する伝統であり、私たちの言説的活動を構築する、とりわけ言語的な実践の説明という観点から、その政治理論の基礎的なコミットメントを少なくとも明らかにしようと（そして、ローティは是認しない強いバージョンとしては、正当化までしようと）つとめる伝統だ。前の個所で進めた考察は、このプロジェクトをローティ自身は追求しなかった路線に沿って発展させるための、ローティの意味におけるプラグマティストに原材料を提供している。

おそらく伝統的な（啓蒙主義の）政治哲学の基礎にある課題は、ある個人が共同体の規範によって自らを制約し、行為の自由を放棄することが（もしそれが合理的ならば）なぜ合理的なのかを正確に説明することだろう。[23] 問われているのは、その人にとってそれが何のためになるのかという点だ。最も自然な回答はどれも、他者のほとんどないし全員が同じようにすることが、その人自身の利益になる、という結論ばかりを正当化するように思われる。しかし、道具としてのボキャブラリーをボキャブラリーたらしめているものは何かという――つまり、それはボキャブラリーとは自身とその身分《ステータス》を変形するような新奇性を生成することによってのみ自身を保つ規範体系であり、それは自然主義者によって強調されたお馴染みの一般的な目的ばかりか歴史主義者によって強調された新奇で特異な目的をも生成し、その目的に仕えるような、いわば内燃機関であるとされるところの、その本質的な自己超越性なのだという――ここまでの議論は、私たちがこの課題に対して共同体の規範という観点から取り組み、それを言語的な規範に基づいてモデル化したならば、事態は異なって見えてくることを示唆している。なぜなら、「一定の自由を共同体の規範による制約との引き換えに譲り渡すことによって、個々人のどんな目的が果たされるというのだろうか」という疑問が問われたとき、当該目的はたいていの場合、安全保障や集団的手段へのアクセス、共同事業への関与による情緒的な報酬など、個人によってあらかじめ先行して想定可能なものに違いないと考えられてきたからである。それは共同体というものについて、それが個々人の振る舞いに課す規範的な要求も含めて、自然主義者の立ち位置から見えてくるような目的に役立つ道具として見ることである。

言語的な規範とは特別なもので、それらに拘束されているということが私たちにある特有の自由を与えてくれる。ボキャブラリーを受け入れることによって自らを言語的規範に従属させるということは、疑いなくひとつの拘束のあり方ではある。それはアイザイア・バーリンが消極的自由と呼んだもの、すなわち拘束からの自由を放棄することを含んでいるのだ。〔他方でもちろん〕どんなことをしても言語ゲームにおける一手を指しているとみなされるわけではない。しかし、無数の新奇な主張を理解することを可能にし、無数の新奇な概念を定式化し、無数の新奇な目的を形づくるなどといったことをも可能にするということからすると、自らをボキャブラリーに陰伏する規範によって拘束するとは、同時に比類なき〔バーリンの言う〕積極的自由を与えることでもある。それは、以前にはできなかったことばかりでなく、したいと望むことさえできなかったことをおこなうことへの自由である。セラーズに倣えば、「明らかに人類はあらゆる言説を省くことができる。ただし、何ひとつとして言うべきことがなくなってしまうのと引き換えにしてのみ実現するのだが(24)」というわけだ。仲間うちの共通言語を話すこと、言い換えればある公共的ボキャブラリーに共有された規範によって自らを束縛するということの核心は、共有された公共的な目標を追求する能力に限られるものではない。むしろボキャブラリーが用いられる（新奇的ならびに特異であるという意味で）私的な使用にこそ主に関わるのである。とりわけ重要なのは、新たに特殊化されたボキャブラリーを生み出す能力、つまり公共的なボキャブラリーという幹から私的な萌芽を枝分かれさせる方法である。政治的規範によって自らを拘束することの核心を、言語的規範によって自らを拘束することの核心になぞらえることは(25)、政治哲学における昔ながらの課題に応えるための新たな理論的可能性を切り拓く。それは歴史主義的プラグマティストのパースペクティブからのみ視野に入ってくるような可能性だ。このモデルは、三節で述べた「ボキャブラリーというものを特徴づけるような自由と制約の組み合わさり方を新たに概念化するという大きなプロジェクト」を進めるための別のやり方を期待させるものである。

私は、カントとハーバーマスのモデルに倣うことによって、この観察からより具体的な政治的主張を引き出したいと思う。それに倣うとはつまり、政治制度や政治活動の目的と限界が理解されるような観点において私たちの道徳的価値というものを、本質的に言説的である生物、言い換えればボキャブラリーの使い手としての私たちの本性に由来するものだと考えることである。人間に備わっているもののうちで道徳的に、そして究極的には政治的に重要なことは、例えば典型的には哺乳類の〔共感可能な〕苦痛の回避のような、還元的にならざるをえない自然主義のパースペクティブから掲げることができるようになる目標という観点から、いずれは理解されうるようなものではない。重要なのは、私たち言説的生物の一人ひとりが備える、かつて誰も言わなかったこと、さらには私たちが言わなければ決して言われることはなかっただろうことを述べる能力なのだ。それは私たちがそのただなかで生活し、動き回り、自らの存在を保つところのボキャブラリーを変形する能力であり、それゆえ〔私たちのような生物にとっての〕存在の新たなあり方を創造する能力なのである。私たちの道徳的な真価は、〈人類の会話〉（the Conversation）に貢献しうる者としての尊厳にこそ存する。これこそが私たちの政治機構が認め、保護し、そして促進する義務を負っていることなのだ。この観点からすると、生理学的な苦痛というものが、快活で機知に富んだやりとりや実り豊かな新奇的な発話が生み出されることをこれほどに妨げるものであるということは、私たちについてのひとつの偶然的な事実でしかない。しかしそれでもなお、それは事実なのだ。そしてそのために、苦痛とそれに類するさまざまな種類の社会的および経済的な困窮というものは、二次的な、しかしそれにもかかわらず真正の道徳的意義を有している。さらにこうした現象は、この道徳的意義から政治的意義をも受け継いでいる。プラグマティズムの政治理論は、自然主義者の関心に応える領域を備えており、それはつまり〈人類の会話〉にアクセスするための最低限の必要条件として現れる。それらの〔自然主義的な〕条件はそれ自体としては同じ偶然的な事実として大気中の酸素が果たしているのと同じ、それなしには議論を続けることができないという道徳的な意義しか持ち合わせていない。しかしながら、ローティが先導したプラグマティズムの現代的段階を特徴づけるのは、新たな目的を創造すること自体が目的であるという特殊な社会的実践、すなわちローティが「ボキャブラリー」と呼ぶ言語的な実践の意義についての歴史主義的な見解である。そのただなかで私たちが自分たちの公共的な政治的討議をおこない、公共的な政治機構が向かうべき目的を決定するところの〔公共的〕ボキャブラリーに対して、市民がボキャブラリーを変容していくように自らのボキャブラリーを私的に行使することを助成し、促進しようという熱望を組み込むべきでない理由など何ひとつとして存在しない。ボキャブラリーのボキャブラリーが見せてくれるのは、百の私的な花が咲き誇り、百の新奇な思想の流派が争うことを保証することこそが、個々のボキャブラリーを股にかけた、私たちの公共的な目的であるべきだという可能性なのである。

12　プラグマティズム形而上学

私はここまで、ローティが論じる公共的で伝統を維持するようなたぐいの実践と私的で伝統を変化させるようなたぐいの実践とが、あらゆる言説的活動のふたつの側面であり、いずれも他方と切り離しては理解できないのだと主張してきた。つまり、仲間うちの言葉での日常的なおしゃべりと創発的な言説による個々人の再創造、言い換えれば古い目的を追求することと新たな目的を発明することとのあいだの区別というものを、ひとつのボキャブラリーの境界線の内側で営まれる言説とそれらの境界線を越えて新たなボキャブラリーに踏み入る言説との区別として考えるべきではないのだ。なぜなら、こうしたやり方はかつての区別への郷愁の念に駆られているからである。その区別とは、私たちが意味する対象によってあらかじめ定まっている一群の規則のなかで信じるべきものについて熟考することと、新たに一群の意味を創造することとのあいだの区別である。そして、まさにこの描像を乗り越えるためにこそ、ボキャブラリーのボキャブラリーが導入されたのだった。ボキャブラリーのあらゆる使用、つまり主張をおこなう際の概念のあらゆる適用とは、一方では共同体における実践、言い換えれば、そこから離れては〔何かを引き起こしうるにもかかわらず〕〔ボキャブラリー使用が〕何かを意味することができないような公共的次元における陰伏的な規範に応答しうるものであるが、他方では同時にまた、その〔ボキャブラリーの〕新奇性、つまりそこから離れては表現される価値のある信念や計画、また目的を形づくることがないような私的次元において、そうした〔公共的な〕規範を変更するものでもある。

　ボキャブラリーのボキャブラリーというもののローティ流の用法に対して、こうした友好的修正を申し出ることは、複数の異なるボキャブラリーについて語ることが有意味であることを否定するわけではない。すなわち、なんらかひとつのボキャブラリーにおいてふたつの会話が営まれている（そして、そのボキャブラリーに陰伏する規範にのっとった評価を受けることになる）ことと、複数の異なるボキャブラリーにおいてそれらが営まれていることとのあいだに差異はないのである。確かに、あるものをボキャブラリーとして扱うことは、〔因果のボキャブラリーを採用することが、それを〔因果という〕特有のやり方で説明されるにふさわしいものとして扱うことであるのと同様に〕それを翻訳されるにふさわしいものとして扱うことなのだが、この主張は、任意のふたつのボキャブラリー同士は相互に翻訳可能でなければならないということを必然的に伴うわけではない。ローティは任意のふたつの、私たちが基礎的ボキャブラリーと呼ぶかもしれないボキャブラリー同士については、少なくとも大まかには相互に翻訳可能でなければならないと強く主張しており、私もそれが説得的だと思う(26)。ここでの基礎的ボキャブラリーとは、それ以外の言語ゲームを嗜まずとも参加できている自律的な言語ゲーム、自然主義者のパースペクティブから視野に入ってくる共通の関心を追求する際のボキャブラリーである。しかし、寄生的なボキャブラリーについては、その必要はない。量子力学のボキャブラリーとT・S・エリオット（T. S. Eliot）が『荒地』のなかで用いたボキャブラリーとは、いかなる理解可能な意味においても相互に翻訳可能ではないのだ。これらの語法《イディオム》においておこなわれた発言や営まれた会話というのは、ただ単に別々の言説から来ているのである。各々が達成しようとする目的や責任を負う規範は、それぞれのボキャブラリーに内在的なのだ。つまり、それらはただ歴史主義者のパースペクティブからのみ視野に入ってくるようなたぐいのものなのである。こうしたボキャブラリー同士が「通約不可能」だと言うことは、何の問題もなく理解される。それによって私たちがただ、それらのボキャブラリーは相互に翻訳可能ではないし、共通の目的に向けた代替可能な手段あるいは両者のボキャブラリーの外側から特定されるなんらかひとつの目標に適合した道具として評価することはできない、ということを意味するのならば。

　しかしながら、一〇節において引用した箇所のひとつでローティが主張するように「理論のレベルでは統合する方策が存在しない」という意味で、それらのボキャブラリーが通約不可能であるということにはならない。つまり、それらがあるひとつのメタボキャブラリーによって分節化されるなどありえない、などということはないのである。公共的ボキャブラリーと私的ボキャブラリーとは、この意味で通約不可能なのではない、ということはすでに論じた通りだ。まったくの無作為というわけでもないふたつの例を挙げてみよう。因果のボキャブラリーないしボキャブラリーのボキャブラリーは、いずれか片方を用いて両方の種類のボキャブラリーを包摂することができる。そうすることによって、それら両者についてのすべてを習得するわけでないのは確かだが、それでも例えば、因果的に生み出され、条件づけられているワーズワースの詩やドルトンの原子論のようなボキャブラリーの持つ社会的、経済的な成立条件と、これら新しいボキャブラリーたちがほかのものに与えた影響について、うまく議論することはできる。そして、私たちはこれらふたつのボキャブラリーを、そのボキャブラリーに特有の方法で一定の目的に奉仕するものとして見るがゆえに、それらは同じ目的に仕えているものだと捉える必要はない。実際、ローティが提唱したボキャブラリーのボキャブラリーが持つ枢要な徳目のひとつは、まさにこれが私たちに複数のボキャブラリーについて、その公共的側面と私的側面とのあいだの差異と親密な関係との両者を含みつつ、それらを一般的な仕方で語ることを可能にしてくれることなのである。

この主張は、私が「ボキャブラリーのボキャブラリー」と呼んでいるものがローティにとってどのような身分を占めているのかという問題を提起する。それは個々のボキャブラリーを股にかけたメタボキャブラリーとしての役割を果たそうとしているのだとする、私が与えた特徴づけは、あるいはローティが抵抗するものかもしれない。というのも、こうした取り扱い方は、この〈ボキャブラリーのボキャブラリーという〉語法《イディオム》を一種の形而上学的プロジェクトの文脈に置いているように見えるからである。形而上学的プロジェクトこそ、根深い方法論的およびメタ哲学的な原理上の問題として、ローティが明示的かつ執拗に拒絶しているものである。以下では、区別をするというスコラ哲学以来の平和をもたらす伝統的方法によってこの矛盾を解消してみせることをもって本章を結びたい。

体系的形而上学は、確かに一風変わった文学ジャンルではある。それは、その帝国主義的、全体主義的でさえあるような言説上の野心によって、ほかから区別される思想だろう。なぜなら形而上学そのものが掲げる任務は、そのなかであらゆることが述べられるようなひとつのボキャブラリーを創意工夫して造りあげることだからである。過激な解釈をとるならば、このプロジェクトは語りうるものの境界を引くことになる。つまり、そこで推奨されたボキャブラリーによって定式化されえないものは、無意味なものとして拒絶されるのである。このように考えてみると、より穏当な解釈をとる観点からすれば、形而上学にはふたつのいかがわしい特徴がある。第一に、形而上学はあらゆる可能なボキャブラリーにおいて語りうることをすべて表現できるような、ひとつのボキャブラリーを形づくることを目指している。第二に、形而上学はそれ固有のある特権を僭称する。すなわち、何が真正に語りうるものであり、そしてそれゆえに思考可能なものであるのか、そして何がまがい物の語りで、見かけ倒しの思想にすぎないのかを〔形而上学が推奨する用語への翻訳可能性を基礎として〕決定するという権威を僭称するのである。

さて、歴史主義的プラグマティズムの第一の教訓は、「あらゆる可能なボキャブラリー」という考えが、それに対して私たちがなんらの確かな意味をも与えることができないような代物だということである。あらゆる新しいボキャブラリーは、それが仕えるところの新たな目的を伴ってやってくる。こうした目的は、あらかじめ適用できるようなボキャブラリーからいつでも定式化できるとまでは言えないものである。それらは、発見されるのを辛抱づよく待っている世界の構成物の一部だと考えるべきではなく、私たちの新しい話し方によって真正に創造されたのだとローティが主張する〔本章冒頭で私が、彼の消去的唯物論から引き出せる教訓として提示した〕ものの典型である。そのなかでこうした〔新たな〕目的が表現されうるような言語というものが開発されるのに先立って、それらに対して私たちの意味論の網を投げて補足する術はない。さらに、規範についてのプラグマティストになるということは、あらゆる権威や特権についての主張は、こうした権威や特権を分節化し、認知する具体的な実践に基づいているのだと断言することである。また、いかなる規範的身分《ステータス》も、それらがある一定のボキャブラリーに取り込まれ、そのなかで振る舞う役割から離れて、ただ事物によって〔その身分が〕贈られるということは、たとえその事物が宇宙全体だとしてもありえないのだと断言することである。セラーズによる所与というイデオロギー批判に端を発するこの原理は、ローティにとっては、神学を別の手段によって追い求めることとして〔過激な意味において〕形而上学を捉えることにまで広がる。彼は、いくつかのボキャブラリーは存在論のみに由来する特殊な認識的権威を有しているとする形而上学的主張がどれほどはびこっているかを、徹底して指摘してきたのだった。

それと比較すると、穏当に解釈された形而上学において、このジャンルの創造的ノンフィクションを書くという任務はやはり、そのなかであらゆるものが語られうるようなボキャブラリーの工学《エンジニアリング》として理解される。しかし、まず何より量化子が〔過激な形而上学とは〕別様に解される。穏健な形而上学者は、彼女の時代（とそれへと至る時代）が自分に与えたボキャブラリーの、どう見ても偶然的な組み合わさり方を体系化することだけを、つまりは自らの時代を思考のなかに捉えることだけを目指すのである。彼女は自らの任務を、同時代の知識人の目的に役立つボキャブラリーを構築することだと考える。知識人とはつまり、その定義上、文化全体に目を配り、物事がどのように結びついているかについて、多岐にわたる実際的な把握をするのに役立つように思われるボキャブラリーをつくろうと挑むことに関心を持っているような人物である。また違う文脈でローティが指摘したように、こうした知識人たちの営為は、さまざまな種類の研究者たちの活動から区別されるべきである。研究者とはつまり、一定の学術的な専門分野《ディシプリン》に区切られた内部で働き、文化の一部である自分たちにとっての未開拓領域を縮小させていくものであって、一般に自分たちの分野がほかの領域とどのように関係しているかを気にする必要はない。私はこう提案したい。形而上学者に特有の研究上の関心は、知識人の目的にとって役立つようなボキャブラリーを打ち建てることなのだ、と。こうした形而上学のボキャブラリーが主張しうる唯一の権威は、形而上学者たちが論じるさまざまなボキャブラリーの成功、およびそのことが提供しうるボキャブラリーの解明に由来するものだけなのである。実践においてうまくいっているが、ある特定の形而上学のボキャブラリーでは体系化できないボキャブラリーというものが存在する限り、形而上学は失敗している。そして、ここでの成功の尺度は、自然主義者が私たちに注意を促すようなたぐいの目標を達成することばかりではなく、歴史主義者が私たちに注意を促すような目標をも達成することである。しかし、厳格に統制された形式にスムーズに適合するボキャブラリーとそうでもないボキャブラリーとを分類することには、やはりまだ価値がありうるだろう。過去のこうしたボキャブラリーの再編は、たとえこのような分類を生み出す形而上学のボキャブラリーが、その帝国主義的な野心を満たすことには明らかに失敗しているような場合でさえ、私たちに多くのことを教えてくれたものである。ひとたび形而上学者が、規格に合わないボキャブラリーに対して排他的ないし否定的な態度をとることをやめたならば、穏当に理解された形而上学のプロジェクトは、私たちの多種多様な文化を把握するためのさまざまな道具のなかでも役立つかもしれない言説的道具のひとつの模範例となる。これは、見識あるプラグマティストが抵抗すべき企てではない。実のところ、私がここまで主張してきたのは次のことなのだ。すなわち、このプロジェクトこそ、こうした見識あるプラグマティストのなかで最も卓越し、熟練したかの人物が過去三十年にわたって取り組んできた営為にほかならないのである(27)。

注

（1）この用語法はのちに簒奪されてしまい（パースによるジェイムズへの〔「プラグマティズム」簒奪という〕批判を思い出させる）、ローティの思想にインスパイアされつつもそれとは異なる立場に与えられるラベルとして使われている。それは、ローティの標的だったその時々に生じる心的出来事ではなく、信念や欲求といった命題的態度を扱うものである。のちの簒奪者もまた興味深い哲学的立場ではあるし、両者はともにセラーズを先駆者として大いに参照してもいるのだが、この用語を採用したというだけで両者がおのずと混同されているのは遺憾なことだ。混同による影響のひとつは、ボキャブラリーとそれが語るものとの関係についてローティ版〔消去主義〕が提示したなかでも最も興味深い論点から注意がそらされてしまうことだと思う。というのも、それらはまさに私たちのボキャブラリーが決定的に変化したならば唯物論も真となりうるというラディカルな提案によって示された論点だからである。こうした論点は、後発の信念と欲求についての消去的唯物論においてはそもそも生じない。なぜなら、もしこの見解が正しいならば、唯物論は常に真だったからである。すなわち、私たちにもたらされるボキャブラリーの変化とは、ただ物事が常にどうであったかということを受けて、ボキャブラリーがひどいものからよりましなものへと変化するだけなのである。

（2）R・ローティ『哲学と自然の鏡』〔野家啓一監訳・伊藤春樹・須藤訓任・野家伸也・柴田正良訳、産業図書、一九九三年〕（*Philosophy and the Mirror of Nature*, Princeton, NJ: Princeton University Press, 1979）以下では『鏡』とする。

（3）R・ローティ『プラグマティズムの帰結』〔村井尚・吉岡洋・加藤哲弘・浜日出夫・庁茂訳、ちくま学芸文庫、二〇一四年（一九八五年）〕（*Consequence of Pragmatism*, Minneapolis, MN: University of Minnesota Press, 1982）収録。三九四〜四四一頁（pp. 139–159）。

（4）これはパトナムが発展させようと努めたテーマであり、彼とローティとのあいだで深い親和性を持つポイントである。ただしここでの本題からはあまりに離れているため、これ以上は追求しない。

（5）R・ローティ『偶然性・アイロニー・連帯』〔齋藤純一・山岡龍一・大川正彦訳、岩波書店、二〇〇〇年〕(*Contingency, Irony, Solidarity*, Cambridge, UK: Cambridge University Press, 1989)、四六頁（p. 21)。〔なお訳語の統一などのため一部の訳を変更した。〕以下では『偶然性』とする。また、「プラグマティズム・デイヴィドソン・真理」("Pragmatism, Davidson, and Truth")（R・ローティ『連帯と自由の哲学』〔冨田恭彦訳、岩波書店、一九八八年〕、二一七〜二八一頁（Objectivity, Relativism, and Truth, Cambridge, UK: Cambridge University Press, 1991, pp. 126-150）収録）も参照せよ。デイヴィドソンはまた（私見ではあまり考えずに）これに類することを真理に関するデューイ講義において述べている。

（6） S・ワインバーグ『宇宙創成はじめの3分間』〔小尾信彌訳、ちくま学芸文庫、二〇〇八年〕（*The First Tree Minutes*, New York: Basic Books, 1988)。

（7） この道筋がどうなっていくかについての私の考えの詳細は以下で説明している。R・ブランダム『明示化』(*Making It Explicit*, Cambridge, MA: Harvard University Press, 1994)。

（8） マクダウェル（John McDowell）が先駆的な著書『心と世界』（J・マクダウェル『心と世界』〔神崎繁・河田健太郎・荒畑靖宏・村井忠康訳、勁草書房、二〇一二年〕（*Mind and World*, Cambridge, MA: Harvard University Press, 1996)）の最初の数章において掲げた中心的な課題のひとつは、この主張について、私がここで素描するよりもずっと徹底的なやり方で異議を唱えることだった。マクダウェルは、セラーズ同様に正当化に関する内在主義者であり、正当化されるためには正当化することができなければならない、つまり自分の信念に対して自ら理由を提示することができなければならないと考える。私が素描する見解は、この種類の内在主義と認識論的な信頼性主義が典型であるような正当化の外在主義とに折り合いをつけることを試みている。彼と私はこれらの論点のいくつかを（そしてまた、真理と正当化を分離しないことが何に関わるのかを）彼の「知識と内在的なもの」("Knowledge and the Internal") および私の「理由の空間の社会的明晰化と知識」("Knowledge and the Social Articulation of the Space of Reasons") という、いずれも*Philosophy and Phenomenological Research*誌四〇巻四号（1995）に収録された論文において探求している。ローティがそうであったように、マクダウェルと私はどちらも所与の神話を回避しつつ、それに関するセラーズの議論が教えてくれる、より広範な教訓に従うよう努めている。

(9) この主張から「真」とはただ「何であれ私が信じるもの」を意味しているということは帰結しない。そんなことを意味していないのは自明で、そうでなければ私は自身の信念のすべてが真であるかどうかについて迷うことなどできないだろう。本文において進めたこの見解を、こうした招かざる帰結へのコミットを避けるよう発展させるにはもうひと手間かかる。それがどう可能になったのかは『明示化』の特に五章と八章において示している。これらの議論は客観性証明（pp. 601–607）で結ばれるのだが、そこでの見解は、事実というものを、誰かのコミットメントやボキャブラリーを適用する傾向性と同一視しないことを示している。それが私ひとりのものでも、私たちすべてのものでも、いかなる理想的共同体のものだとしても、である。

(10) もし私たちが、この一般的な区別の責任をカントに負わせようとすることにさらにもう少し慎重であろうとするならば、カントにとって因果は、それ自身まったくもって規範的（規則‐統制的）なものであるということに気づかなければならないだろう。実際、この事実の意義を説明することこそが第一の『批判』（『純粋理性批判』）における中心にほかならない課題なのだ。ただし、単に規則にしたがって起こるものと、法則の表象や概念にしたがって起こるものとの間の区別、すなわち自然の領域と自由の領域との間の区別はかなりうまくいっている。ローティは時々（例えば論文「たとえ世界を失っても」において）、これらふたつを次のように区別している。すなわち、あるものを第一の領域に属していると実際に扱うことは私たちにとって何なのかというと、それはその振る舞いは説明される（それこそ因果のボキャブラリーを採用する現金価値だ）のに適していると見ることである。そして、第二の領域に属しているのだと扱うことは、その振る舞いは翻訳される（ボキャブラリーのボキャブラリーを採用する現金価値だ）に適していると見ることである。

(11) 『鏡』の一八二～一八三頁（pp. 166–167）におけるローティの見立てを思い起こそう。一九世紀の終わり近くになると、哲学には歴史主義と自然主義というふたつのアプローチしか残っていなかったが、そのどちらも哲学的な理解の仕方にいかなる特権も与えてくれなかった。ラッセルとフッサールは、各々のやり方でこうした状況に対応して、カントのように哲学がそれに関して必当然的なもの（apodeictic）になるような何かを構想した。私たちが彼らの魅力的な幻想の正体を見破って歴史主義と自然主義に立ち返るには、二〇世紀の大部分を要したのであった。

(12) ただし、だからといってこの場合に因果のボキャブラリーが役に立たないと言っているわけではない。なぜなら、こうした詩人たちがさらされていた社会的、政治的影響や生育期における家族体験の影響などを研究することによって、彼らのボキャブラリーについて多くを学ぶことができるからである。

(13) 例えば『偶然性』の四六頁(p. 21)に至る議論を参照せよ。

(14) もちろん、このように述べることは、すべてではないが複数のボキャブラリーがそれへと向けられるようなもっと具体的な目的を特定することで、すべてではないが複数のボキャブラリーに適用される、そうしたなんらかのより制限された事物の表象という理論的な観念を考案することが無駄だと言っているのではない。ただし、こうした観念はローティの標的ではない。制限された表象の観念は、すべてのボキャブラリーについて語り、ボキャブラリーとは何であるのかの本質について語るための、ただひとつのメタボキャブラリーであることを熱望することはないからである。

(15) もちろん言語以外の道具の発展も、こうした現象をそれが生じた言説的な文脈から切り離すことはなかなかできないとはいえ、新たな目標を可能にしうる。

(16) 『偶然性』三〇〜三一頁(pp. 12-13)。〔なお訳語の統一などのため、一部の訳を変更した。〕

(17) この点は、私が〔本章の〕最初に示した、ローティが心的なものを訂正不可能性という観点から取り扱ったことから彼自身が学んだ教訓からは独立であり、またそれほどラディカルなものではないということに気を留めてほしい。一節での例は新しい目的を生み出す(そして古い目的を廃れさせる)のとは異なっている。ボキャブラリーの変化によってどのように被表象項〔つまり精神〕が登場させられ、また退場させられたのかを明らかにすることを目指しているからである。そのため、これはボキャブラリーの変化によって果たされうる変化の、さらにもっと極端な例だろう。ローティの見解では、私たちが心を持つということは、単に特定の権威の構造を組み込んだボキャブラリーを使用することでしかないのである。

(18) ここでエルンスト・ゴンブリッチ(Ernst Gombrich)が彼の権威ある著作において語っている物語

を紹介しよう。『芸術と幻影』〔瀬戸慶久訳、岩崎美術社、一九七九年〕(*Art and Illusion: A Study in the Psychology of Pictorial Presentation*, London: Phaidon, 1968) である。

(19) 「私的なアイロニーとリベラルな希望」(『偶然性』一五三〜一九六頁 (pp. 73-95) 収録)。

(20) この議論を通じて以下のことは明らかであるはずだ。ローティが論じるボキャブラリーの「私的な」使用は、ウィトゲンシュタインが私的言語の理解不可能性に向けた論証において展開された考察に抵触していないのである。ローティの私的ボキャブラリーは単に相対的に、かつ事実上 (de facto) 私的なのであって、絶対的に、ないし原理上 (de jure) 私的なわけではない。

(21) 『偶然性』四〜五頁 (pp. xiv-xv.)。〔なお訳語の統一などのため、一部の訳を変更した。〕

(22) M・ダメット『フレーゲ――言語の哲学』(*Frege: Philosophy of Language*, 3rd ed., Cambridge, MA: Harvard University Press, 1993, p. 454)。『明示化』第二章における関連した議論も参照のこと。〔『推論主義序説』第一章一一節においても当該の議論が圧縮して再録されている。〕

(23) もちろん、この質問における〔前提される〕言葉遣いにはいくらでも議論の余地がある。たとえその前提が誰かが実際に直面する課題だとは考えられておらず、しかしその応答は政治制度の規範的な身分を明らかにしうるような単なる仮説的なものだとしても議論の余地があるのは変わらない。政治的主張の妥当性が、これに類するなんらかの質問に対して回答が存在することにかかっている、というのは明白ではない。政治的規範を下支えするとされるものが、なぜ合理性の規範でなければならないのかは明らかではないのだ（そのように捉えるのが、強いバージョンのカント的伝統を採用する者の思想ではあるが）。そしてまた、たとえそのように想定してもなお、当の合理的規範は道具的ないし手段‐目的の推論モデルと同一視されるべきということも自明ではない（そのように捉えるのが、ローティがデューイと共有するプラグマティズムの伝統へのコミットメントを示すものではあるが）。さらに、個々人は行為の最大限の自由を有しており、その放棄、破棄、断念とは、それが報われているか否かのいずれかに分類されるのは当然であるということを基本的な立ち位置だとする発想は、人間の置かれた状況について啓蒙主義特有の描像を前提している。それこそ私たちが徹底して用心しなければならないものである。思うに、こうした異議申し立てはよくなされている。それでもなお、ここまでまとめてきた考察がどうやって政治的規範の持つ権威の本性という問題に対して新奇な回答を可能にするのかを検討することは教育的である。それはホッブズばかりかカントも取り組んでいると見ることができるような幅広く古典的な形態においてでさえ、そうなのだ。

(24) W・セラーズ「心身問題への意味論的解決」("A Semantical Solution to the Mind-Body Problem," in *Pure Pragmatics and Possible World*, ed. Jeffrey Sicha, Atascadero, CA: Ridgeview, 1980, p. 152)。

(25) このことを誰かが実際に直面した選択として構想することが整合的であるとまで考える必要はない。というのも、どんな言語を持たない生物もさまざまな検討事項を比較するような身分に立つことはないのである。しかし、以前に歴史主義者のパースペクティブを議論した際にも触れたことであるが、このことはこうした「決断」におけるコストと便益というものを、あるひとつの道筋に沿ってのみ利用可能になるような目的を形成できる者の視点から、過去を振り返ってうまく評価できないということを意味するわけではない。

(26) 『プラグマティズムの帰結』収録の論文「たとえ世界を失っても」(一〇三～一三八頁) ("The World Well Lost," in *Consequence of Pragmatism*, pp. 3-18) を参照せよ。

(27) 多くのバージョンの形而上学について、次の本の「あとがき」でさらに論じている。R・ブランダム『言うことと為すことのあいだ』〔*Between Saying and Doing* (Oxford: Oxford University Press, 2008)〕

訳注

〔1〕 ローティがプリンストン大学に赴任したのは正確には一九六一年である。ただし、このときの役職はギリシア哲学を教える任期付きの客員講師であり、数年後の一九六五年にテニュア職を得ることになる。六〇年代のローティはプリンストンに着任して以降に取り組み始めた、いわゆる「分析哲学」分野の業績をあげようと試みており、その甲斐あって六五年には「消去的唯物論」を展開した論文「心身同一性、私秘性、カテゴリー」が界隈で話題になった。ブランダムの記述はこうした時期のことを念頭に置いている。

ローティのキャリアについては、自伝「知的自伝」が収録された『ローティ論集「紫の言葉たち」／今問われるアメリカの知性』（冨田恭彦編訳、勁草書房）などを参照のこと。

［2］「確言（assertion）」については第二章の訳注［4］を参照のこと。

［3］ジョン・ミルトン『失楽園』〔平井正穂訳、岩波文庫〕八頁。

［4］ホイッグ史観（Whiggish historiography）とは、歴史というものを革新的な進歩派と保守的な守旧派という単純化された両陣営の争いとして捉え、前者が後者に勝利をおさめる物語として歴史を記述するような歴史観である。

［5］「通約不可能性」はトマス・クーン（Thomas Kuhn）がパラダイム論において導入した概念であり、異なるパラダイム同士のあいだに存するものとされる。例えば天動説と地動説とは互いに通約不可能である。なおこの概念は、デイヴィドソンがクーンのパラダイム論を「概念相対主義」として批判した際の焦点であったが、ローティは「通約不可能性」をデイヴィドソンによる論証が退ける「翻訳不可能性」とは区別し、擁護可能なものとして積極的に取り扱う。D・デイヴィドソン「概念枠という考えそのものについて」〔『真理と解釈』収録〕および『鏡』六章の註三五、七章一節を参照のこと。

［6］サミュエル・ジョンソンは一八世紀イギリスの文筆家。彼が親交のあった在野の薬屋であるロバート・レベットに対して、その死後に贈った詩の一節である。

［7］ベーシック英語とは、英語をもとに文法や語彙を大幅に制限して単純化された人工言語を指す。言語学者のチャールズ・オグデン（Charles Ogden）が提唱した。

［8］ジョン・ディア（John Deere）は、イリノイ州に本社を置く世界最大の農業機具メーカーであるディア・アンド・カンパニー社の創業者にして同社のブランド名。同ブランドのトラクターは緑色の車体がトレードマークになっている。また、インターナショナル・ハーベスター社も同州に本社を置く農業機具メーカーで、こちらのトラクターは赤色の車体がトレードマークである。

第六章　分析プラグマティズムに向けて
――意味‐使用分析

英語圏の伝統のなかでは、プラグマティズムといえば、分析哲学の主流から距離をとった、それどころかそれに逆行するような思想潮流である、というように見えることが多い。これは、パース、ジェイムズ、デューイの三傑にぴったりと合うような狭い意味合いで「プラグマティズム」を用いるときにもそうであるし（ここで後二者に対するラッセルの拒絶反応を思い浮かべるひともいるだろう）、初期ハイデガーや後期ウィトゲンシュタイン、さらにはローティやパトナムといったより最近のネオ・プラグマティストを含む、もっとゆったりとした意味合いにおいて「プラグマティズム」を用いる場合にもそうだ[1]。確かにどちらの陣営にも相手に対していくらか攻撃的な態度をとるだけの相応な理由がありはするのだが、両陣営をもっとつぶさに検討したなら、この両者に共通するプロジェクトの輪郭というものを見てとることができると思われる。この共通のプロジェクトを遂行するという職務においては、両陣営はいつの間にやら一丸となっているということもありうるのである。『言うことと為すことのあいだ――分析プラグマティズムに向けて』（*Between Saying and Doing: Towards Analytic Pragmatism*）と題された二〇〇六年のジョン・ロック講義では、こうしたプロジェクトを推し進めるひとつのやり方について、本章よりも詳細に探っている。(1) 本章よりも紙幅をかけて展開された当時の議論は、上記のふたつの運動が持つ主要な目標に関するある基本的な理解に動機づけられていたのだが、この章ではそうした理解の仕方についての素描を与える。そのうえで、単に見かけの上で分離しているにすぎない両者の関心を統合したならどういった語用論的な意味論的分析（撞着語法ではない、と訴えていくつもりだ）が生じうるのか、このことを一般的な仕方で示してゆきたい。心がけたいのは融和的で、統合的で、建設的なスピリットである。

1　古典的な分析プロジェクト

分析哲学は、私が「ボキャブラリー」と呼ぶもの同士が持つ意味論的な関係への関心をその中核としているように思われる。分析哲学に特徴的な問いの形式は、あるひとつの種類の言い回しで表現される意味を、別の種類の言い回しで表現される意味によって理解することができるか否か、またできるとしたらどのような仕方でか、というものだ。そういうわけで、例えば初期に現れ分析哲学の範となったふたつのプロジェクトは、数論のボキャブラリーで表現可能なすべてのものが、また同様に、確定記述[2]を用いて表現可能なすべてのものが、同一性を備えた一階量化論理のボキャブラリーによって、もうすでに表現可能となっているのだと示そうとしていた。

ボキャブラリー同士のあいだに成り立つ重要な意味論的関係なるものの本性については、分析哲学の歴史のなかでさまざまな特徴づけがなされており、分析である、定義である、パラフレーズである、翻訳である、種々の還元である、一方が他方を真にしている（truth-making）、さまざまな種類の随伴（supervenience）であるなど、ほんの一部の候補を挙げるだけでもこのようになっている。だがいずれの場合でも、そうした意味論的関係を特定する際には論理的ボキャブラリーに特権的役割が与えられるというのが、古典的分析哲学の特徴である。被分析項と分析項の関係、これは言い換えればターゲット・ボキャブラリーとベース・ボキャブラリーの関係であるが、それを組み立てる（elaborate）[3]際には、論理的ボキャブラリーを用いるのが少なくとも認められている（licit）と受け取られるのが常だったのだ。分析プロジェクトが持つこうした側面を、「意味論的論理主義（*semantic logicism*）」へのコミットメントと呼称することにしよう[2]。

さまざまなボキャブラリー種のうち、当時その意味論的関係を調査するのが重要だと思われていたのはどれなのかと問うたならば、古典的分析哲学のコア・プログラムが少なくともふたつ姿を現す。経験主義と自然主義である。それぞれ認識論と存在論におけるこれら古式ゆかしい近代哲学の伝統は、二〇世紀になると変容を被ることとなった。この伝統はまず意味論的な調べに転調され、次いで新たに利用可能となっていた論理的ボキャブラリーが、いまや意味論的であると自認して憚らないプログラムとなったそれらへと適用されたのである。

経験主義はその種別に応じて、そのベース・ボキャブラリーとして、事物の現れ方を表現する現象ボキャブラリーや、二次性質ボキャブラリーを利用したり、あるいはそこまで厳しく考えず、観察ボキャブラリーを利用したりしていた。典型的なターゲット・ボキャブラリーには、事物が（単にそう現れているというのと対比して）実際にどうであるかに関する主張を定式化する客観的ボキャブラリーや、一次性質ボキャブラリー、理論ボキャブラリー、さらに様相的、規範的、意味論的なボキャブラリーが含まれる。これらの経験主義に共通する課題とは、先述のターゲット・ボキャブラリーを使うことで表現される事柄が、論理的ボキャブラリーを用いた組み立てを介したときに、ベース・ボキャブラリーによって表現される事柄からいかに再構成できるかを示すということである。

自然主義はその種別に応じて、そのベース・ボキャブラリーとして、基礎物理学のボキャブラリーやもっと広範な（個別科学を含む）自然科学のボキャブラリーを利用したり、あるいは明示的な科学理論に組み込んで体系化することができない場合もあるにせよ、ともかくも客観的記述のボキャブラリーだけを利用したりしていた。典型的なターゲットには、規範的、意味論的、志向的なボキャブラリーが含まれる。

2　プラグマティズムからの異議

「古典的分析プロジェクト」と私が呼びたいものが明らかにしようとしているのは、認識論、存在論、意味論などにまつわる、なんらかの重要な点でほかのボキャブラリーよりも特権的だと考えられるベース・ボキャブラリーをもとにして、それが表現する意味からの論理学を用いた組み立て（logical elaboration）によって、さまざまなターゲット・ボキャブラリーが表現する意味が理解できるのだということである。こうした企図は、その最も純粋な形態においては、私がこれまで経験主義と自然主義という「コア・プログラム」と呼んできたもののうちに、そうしたプログラムが見せるさまざまな形態のうちに、見てとることができる。私の見るところ、この伝統における最も重要な概念上の発展、この伝統にかつて起きたなかで最大の事件とは、二〇世紀中ごろに始まるプラグマティズムからの異議である。概して言えば、プラグマティズムというこの思想運動は、つまるところ哲学における関心の中枢から意味という考えを取り払い、代わりに使用という考えを置くというものである。つまり、当該の用語の意味を適度に広く理解する限りで、意味論を重視することに代えて語用論を重視するということだ。この概念的な大転換の背後にそびえる人物といえば、もちろんウィトゲンシュタインである。だがこの大転換の特徴を述べていくにあたっては、さまざまなボキャブラリーが表現する意味なるものに代えて、そうしたボキャブラリーを用いるという実践に訴えていくというやり方のなかでも、まずはウィトゲンシュタインのものよりも局所的で、意味論をじんわりと腐食するような論法を含むようなものを取りあげ、それを介してウィトゲンシュタインによるラディカルで包括的な批判へと接近するのが有効だろう。

ウィルフリド・セラーズ（私にとってのヒーローと言えばこのひとというひとりだ）は、古典的分析プロジェクトにおける経験主義のコア・プログラムに対し、さまざまなボキャブラリーを用いるためには、そしてそれによってさまざまなことを言ったり考えたりするためには、何をするのでなければならないのか、ということを基礎に据えて、批判を与えた。経験主義にとってのベース・ボキャブラリーとなりそうなさまざまな候補のうちに、実践において自律的なものなど存在しない、とセラーズは論じる。つまりそのうちには、ほかの言語ゲームをプレイすることなくプレイされる言語ゲームにおいて用いられうるようなものなど、存在しないのである。例えば、言説実践たるものが非推論的な観察報告をおこなうことのみからできているということはありえない。なぜなら、信頼しうる仕方で状況に応じて異なる反応が引き出されたとして、そうした反応がさらに概念的な内容を持っていたり認知的な意義を持っていたりするものと認められるのは、それが前提として働き、その前提から結論を引き出すというのが適切なこととなるとき、つまりはほかの判断にとっての理由として働くときに限られるからである。そのような結論を引き出すというのは、概念を推論的に適用するということだ。これはつまり、非推論的な観察としては用いていないということにほかならない[3]。

クワインは、経験主義のプログラムだけでなく、分析的な意味論プロジェクト全体にとっての肝となる部分に向けて、プラグマティズムからのさらに広域的な反論を与えている。というのも、クワインはそうしたプロジェクトが前提としている意味という考え方そのものを攻撃するのである。クワインは第二章で「方法論的」プラグマティストと呼んでいたものに属す。つまりクワインは、意味の理論の眼目とはひとえに言語表現の使用が持つさまざまな特徴を説明したり、成文化したり、浮き彫りにしたりすることだとしているのだ。クワインはダメットと同様に、使用にとっての意味とは、まさに観察にとっての理論である、というアナロジーを認めている。さらにクワインは、意味なるものをボキャブラリーの要素と結びつけられたものとして措定したならば、言説実践の理論としてはまずい代物が出来上がると論じる。

仮に意味などというものがあって、それが私たちの持つ諸表現の正しい使い方を決定しているとするなら、そうした意味なるものは、少なくとも問題の諸表現が果たす推論上の役割を決定しなければならないはずだ。すなわち、そうした表現を適用することから何が帰結するのか、そのように適用したなら何が排除されるのか、そのように適用することを支持したり退けたりする十分な証拠とはいかなるものなのかといったことである。だが何から何が帰結するのかというのは、それ以外の真となっている事柄、例えば自然法則や曖昧模糊とした偶然的事実といったもの次第で変わってくる。要するに、どのような主張が上記のような推論において補助仮説や付随的前提になりうるのか次第なのだ。ボキャブラリーに含まれるさまざまな要素を用いるために必要となる実践的能力とはどのようなものか、という点に目を向けたとしてみよう。すなわち、そうしたものによって何かを言っていることになるためには、何をしなければならないのかという点を見るのだ。そうしたところで、これこそ意味論における必要十分条件にちょうど当てはまる語用論における線引きだ、と理解しうる実践上の意義を担った能力が、特殊な集合をなすものとして見つかることなどありはしない。

クワインの考えでは、意味論において指示と真理条件のレベルへ退却すれば、少なくとも自然主義のプログラムは救うことができるとされていた。ジェイムズとデューイは、クワインと同様の方法論的プラグマティズムに依拠したうえで、さらに広範にわたる意味論上の修正主義を支持した。二人の追求したプログラムは、例えばローティの議論によれば、本来の意味での修正主義というよりは、拒絶主義として理解する方がふさわしいものとなっている。そして「意味を見るな、使用を見よ」の標語のもとで、ウィトゲンシュタインは、意味論へ向けられたプラグマティズムからの批判をさらに急進化させる。単称名辞の使用は対象を選び出す働きをするだとか、平叙文は事実を述べる働きをするだとかなどと想定することはできないのだと手始めに指摘し、ウィトゲンシュタインは最終的に、そうした一部の使用が特権的な中心をまさに形づくっていて、もっと周縁的な使用についてはそうした中心的な使用をもとに理解できるのだ、という考えを否定するに至る。（ウィトゲンシュタインによると「言語に中心街はない」のだ。）

思うに、ウィトゲンシュタインは、意味という概念の本拠地となる言語ゲームとは、表現を正しく使う方法についての説明であると捉えてもいた。さらに彼は、言説実践の場合に関して、措定や説明、理論的体系化といったモデルが有益であるとか、適用可能であるとかということについて、根っから懐疑的だった。要するに、割り当てられた意味から正しい使用が持つ諸側面を導出することができるという可能性への懐疑である。この観点から見たなら、古典的分析プロジェクトの発想とは、ひとつのボキャブラリーが表現する意味、すなわちそこからこのボキャブラリーの使用が持つ諸性質を導出しうるものを、ほかのなんらかのボキャブラリーが表現する意味、すなわちそこからこの後者のボキャブラリーの使用が持つ諸性質を導出しうるものを起点とし、論理的ボキャブラリーを使って成文化すること、となる。ひとつの考え方は、こうした企てが意味をなすのは、さまざまな使用をひとつの類（genus）に属す異なる種（species）と捉える場合に限る、というものだと思われる。つまりそれらはみな、同じひとつの一般的な種類（*kind*）の使用、例えば、記述する、事実を述べる、事態を表象するといったものに属すとするのである。これが妥当な考えに見えるとしたら、それは非常に限られた集合に属す使用ばかりに注目したときである。道具の場合で言えばちょうど、釘と金づち、ネジとドライバー、糊と刷毛のいずれもが、平たいもの同士をくっつける機能を持っていると気づいて感心するようなものだ。確かに、平叙文は経験的事実、物理的事実、規範的事実、様相的事実、志向的事実を述べているのだ、そうした事態について主張をしているのだ、と考えることはできる（それによってコミットすることになるさまざまな事実種の本性について形而上学的に悩むことになるとしても）。だが使用が実にさまざまであると考えるなら、大工が使う水平器や鉛筆や作業ベルトについても考えるなら、言語実践を雑多なもの（*motley*）と考え、使用は単純な一種にも、体系的な一種にも、それどころか確定的な一種にさえ収まらないと考えるなら、どうだろうか。このとき、かなりばらばらな種類のさまざまな使用が持つ性質を成文化させてくれる、意味なるものが存在するという発想自体が、たとえ論理学を用いてそうした意味を組み立てるというやり方を好きに使ってよいのだとしても、一般的な事例と各々の個別事例の双方において、異論を招きうるもの、正当化を要するものになるのである。

もっと具体的に言えば、ウィトゲンシュタインが「家族的類似性（family resemblance）」というイメージを使って訴えているのは、言語実践やそうした実践に組み込まれているボキャブラリーをその機能に応じて分類し、例えば「ゲーム」というラベルの箱にまとめられるもの、「名前」の箱にまとめられるもの、「記述」の箱にまとめられるもの、「確言（assertion）」[4]の箱にまとめられるもの、「観察」の箱にまとめられるもの、などと分けることでその種類なるものが手に入ったとして、そうした種類のそれぞれの根底にはほかのボキャブラリーで特定しうるような原理というものがあり、その原理を用いれば問題の種類がいかなるものであるのかを特定することができる、などというわけには一般にいかないのだ、ということだ。このことは類と種差を用いようが、その他の明示的規則や定義を用いようが変わらない。こうした考え方に従ったなら、結果として古典的な意味合いでの意味論的分析の可能性をばっさりと切り捨てることになる、というのは容易に理解できる。

体系性を欠き、ひと目で見渡せないような種類の表現使用についての、またそうした種類の表現使用が示す成文化しがたい特性についての、これまでに見てきたような意見の根底には、言語実践が持つ本質的に動的な特性に関する、ひとつの思想がある。思うに、ウィトゲンシュタインの考えでは、正真正銘の基礎的な言説現象とは、あるボキャブラリーを用いるのに要請される能力が、実践的に拡張され、組み直され、発展させられることで、何か別のボキャブラリーを用いたり、古いボキャブラリーをまったく新しい仕方で用いたりするための能力となる、そのあり方なのである。彼の思考実験の多くは、ひとつの実践からそれとは別の実践へという、この種の語用論的投射（*pragmatic projection*）のプロセスに関するものだ。私たちはある共同体を想像するよういざなわれる。そこでは固有名を人々に対してのみ用いていたのだが、のちにそうした実践が拡張され、川にも用いられるようになる。会話の参加者たちが、すでにできていることを活かして拡張後の実践も習得できる、などという保証はない。だが仮に習得できるとしたら、それは固有名の使用が持っていると考えられる唯一の〝本質〟を変化させてのことなのである[4][5]。古い実践においては、名指された事物の母親や父親が何者であるのかと問うことがいつでも意味を成す。だが新しい実践において、そうした問いはしばしば意味を成さなくなる。さらに私たちは、今度は別の共同体を想像するよういざなわれる。そこでは歯に金や銀がある（having gold or silver in one's teeth）ということについて語られていたのだが、その実践を拡張し、歯に痛みがある（having pain in one's teeth）ということについても語るようになるのである。そうした言語実践に携わる者たちが、「に（in）」という表現のもともとの使い方に基づきつつもそれをうまく改変することで新しい使い方を習得できる、などということが偶然的事実として起きるとしたら、そのときには「に」のs意味sは根本的に変化させられていることになるだろう。古い実践においては、歯に嵌められる前にその金はどこにあったのかと問うことが、常に意味を成す。だが新しい実践において、歯に収まる前に痛みはどこにあったのかなどと問えば、いかにも哲学らしい困惑に至るほかない(5)。

あらゆる段階において言えることだが、既存の実践を拡張した実践としてどのような可能性が実践主体たちに開かれているのかということは、そうした主体たちがどのような身体を持ち、どのような生活を送り、どのような環境にあり、どのような歴史を持っているのかという、偶然的で、まったくもって彼らに固有の諸特徴に応じて変わりうる。さらにそれらの発展のうちいずれが、いかなる順番で実際に起きたかとなると、どのような曖昧模糊とした事実に影響されるとしてもおかしくない。ボキャブラリー種が規則や原理、定義、果ては他のボキャブラリーによって表現される意味などといったものによる特定をはねつける理由は、それが実践の発展というこうした動的特性を備えたプロセスにおける、現時点でのタイム・スライスであるからだ。そしてそれゆえに、使用の集積、つまりは実践の投射による発展が現時点までに生んだ結果の累積や集積は、雑多なものとなる(6)。こうした考えが正しいとすると、そのようなボキャブラリー種の使用を、正しい使用を決定する意味なるものと結びつけることによって成文化したり理論的に体系化したりすることは、仮にうまくいったとしてもまただ偶然的、局所的、一時的にうまくいっているにすぎない。この見解のもとだと意味論は初めから無理のある営みだったということになり、それが進展するとしたら、ボキャブラリーの使用が持つ実践的にはまるで特権的でないいくつかの側面を理論的に特権化し、それ以外の側面については、果たしてそれを理解できるのかという哲学的な困惑を生み出すようにする、ということによってのみなのである[7]。こうした構図において、古典的分析プロジェクトはある誤解に起因する病となるのだが、もしこの誤解が終始起こり続けているとすれば、それは根本的な誤解なのである。この病からは、意味への関心の代わりに使用への関心を持つべしという忠告に耳を傾ける以外の方法では、全快も改善も望めない。この忠告に従えば、言説実践に対して推奨される哲学的態度とは、記述についての個別主義（*descriptive particularism*）、理論についての静寂主義（theoretical quietism）、そして意味論についての悲観主義（*semantic pessimism*）となる。

3　分析プロジェクトの拡張——語用論媒介的意味関係

以上の説明において、ウィトゲンシュタインは言説における有意味性や意義を捉える構図として、古典的分析プロジェクトのおおもとにあるのとはかなり異なるものを持ち込んでいる。意味論の代わりに語用論をせよ、と私たちに勧めているのである。しかもその語用論は、デイヴィッド・カプラン（David Kaplan）やロバート・スタルネイカー（Robert Stalnaker）における、実態としてはトークン反射的な表現の意味論であるような語用論ではないし、グライスにおける、語用論に先行する、語用論から独立した古典的な意味論というものを前提としたうえで会話のヒューリスティクスに取り組むような語用論でもない。そうではなく、表現をそもそも有意味なものとするようなその使用を研究するものとしての語用論なのである。数学を着想源とする形式的伝統は、フレーゲ、ラッセル、カルナップ、タルスキを経てモデル論的な可能世界意味論へと結実するが、これに対立するのは人類学的で、自然史的で、社会実践的な探究であり、こちらは私たちの言説的な所作を脱神秘化させるとともに、そうした所作に関して哲学者が抱《いだ》く、体系的で理論的な野心を萎えさせるということを目指している。思うに現代の言語哲学者たちはこれまでのところ、この対立をできるだけくっきりと描き出そうとする傾向にあり、これらのアプローチを互いに排他的なものとして、それゆえいずれを選ぶかを決めなければならないものとして扱っており、そうした傾向のゆえに、この分野のうちには実質的な社会学的断層線とでもいったものが引かれている。プラグマティズムの描く構図に心動かされる人々は一般に、ウィトゲンシュタインがそこから引き出しているように思われる個別主義や静寂主義といった結論を、自分でも受け入れる。そして意味論的分析というプロジェクトのいずれかにコミットする人々は、この意味でのプラグマティズムの持つ重要性を否定しなければならない、あるいは少なくとも意味論に固有の関心にとっては無関係なものと突っぱねなければならない、という感覚を抱《いだ》いてきた。もっとも極端な場合においては、反プラグマティズム的な言語哲学者がウィトゲンシュタインの構図に対して示す態度は、ヴィクトリア朝の淑女たちがダーウィンの理論に対して示した態度と、ほとんど変わらない。そのようなものが正しくなければいいなと、仮に正しいとしてもせめて広く知られるようにならなければいいなと、願っているのである。

だが私の考えでは、私たちはこれらのアプローチからいずれかひとつを選ばなければならないわけではない。ふたつのアプローチは互いに競合しているのではなく、互いに補い合っているものと見るべきなのである。意味論と語用論が、つまりは意味への関心と使用への関心が、言説的なものについてのひとつの、もっと包括的な構図に含まれる別々の側面として理解されるべきだ、というのは確かなはずだ。プラグマティストが示した考察は、意味論を排除して語用論に集中せよと私たちに強いているわけではない。語用論を加えることによって意味論を深めることができる、ということなのだ。プラグマティズムの意見から従来よりも少しばかり穏当な仕方で帰結を引き出し、さらに分析プロジェクトを従来よりも少しばかり広く捉えたなら、両者は整合的であるばかりか、互いに互いを照らしあうものとして見ることもできるのである。分析的精神のもとでプラグマティズムの意見へと接近したなら、分析的な意味論を意味同士の関係にしか関心を持たない営みから、意味と使用のあいだの関係をも包摂するような営みへと拡張し、発展させる、そのための特別な資源の供給源として、語用論を理解することができるようになる。最も野心的な形を取る場合のそうした営みは、本章のプロジェクトに見られるように、意味と使用のあいだの関係が持つ論理とでも言える何かを明晰に描き出そうと望むものとなるだろう。

ボキャブラリーのなかには、それがなんらかの意味や内容を表現していると考えることで、その使用を解明できるものがありうるのだ、こうした可能性を残すとするならば、要するに理論的な意味論などありえないという虚無主義を最初から信奉するなどということをしないならば、プラグマティズムがもたらす最も重要な建設的洞察は、すでに紹介した方法論的プラグマティズムと相補的なものとなるだろう。プラグマティズムの考え方の根底にある思想とは、なんらかのボキャブラリー断片がその意味する事柄を意味するようになるのは、それがどう使われるかによってだ、というものである。意味論的プラグマティズムと呼びうる見解は、意味がボキャブラリーにいかに結びつけられるようになるのかということの説明は、そのボキャブラリーの使用にしか見出しえないとする[6]。ここで使用というのは、意味を付与するような実践や、それを行使すればボキャブラリーにそうした意味を持たせて用いることになるような能力、といったものである。語用論こそが中心だというプラグマティストたちのこだわりに照らして古典的分析プロジェクトの枠を広げるためには、使用と意味とのあいだに、すなわち実践ないし実践的能力とボキャブラリーとのあいだに成り立つこうした根本的な関係に着目すればよい。私たちが目を向けなければならないのは、意味を表現するものとして言葉を用いるとはどういうことかということ、要するにボキャブラリーのおかげで実践主体が表現できるようになる当の事柄を言っていることになるためには何をしなければならないのか、ということである。この種の関係を「実践‐ボキャブラリー十分性（practice-vocabulary sufficiency）」、もしくはたいていの場合には省略して、「PV十分性」と呼ぶことにする。これが成り立つのは、与えられたある集合に属す実践に参与することや、与えられたある集合に属す能力を行使することが、与えられたあるボキャブラリーを用いていることになるために、十分となる場合である(8)。

もちろん、内容を付与したりボキャブラリーを用いたりという実践や能力についてどのように考えるかということが極めて重大だ。意味論的プラグマティストは、使用が意味を与える（だからボキャブラリーを用いるという実践なり能力の行使なりについて語るべし）と主張するが、「チルダを使って否定を表現すること」、「『赤』という語で赤を意味する能力」、「『電子』という語で電子を指示する能力」（そのように指示しようという意図さえ同様だと私は思うが）などと語ってよいとなれば、そのような主張は結局またトリビアルなものになってしまう。そしてこれは要するに、実践や能力から成るなんらかの集合があるボキャブラリーを用いるのにＰＶ十分であるときに、そのＰＶ十分性がどのような利点を持つかは、そうした実践／能力を特定するためのボキャブラリー次第で大きく変わるということだ。実践／能力についての語りが確固とした意味を持つというのは、その実践／能力を特定するためのボキャブラリーと相対的に見られた限りにおいてのみ成り立つことなのだ。そしてこれが意味するのは、ＰＶ十分性に加えて、私たちは第二の基本的な意味‐使用関係についても考慮すべきだということである。「ボキャブラリー‐実践十分性（vocabulary-practice sufficiency）」、略して「ＶＰ十分性」は、ボキャブラリーと実践／能力の集合とのあいだの関係であり、そのボキャブラリーが当該の実践／能力を特定するのに十分であるときに成り立つ[9]。ＰＶ十分な実践を特定するＶＰ十分なボキャブラリーがあれば、そうした実践に携わったり能力を行使したりしていることになるためには、ひいてはボキャブラリーを用いて何かを言うためには、何をするのでなければならないのか、これを言うことができるようになるのである。

ＰＶ十分性とＶＰ十分性は、意味‐使用関係（*meaning-use relation*, MUR）のうちで基本的なふたつにあたる。そうした基本的な関係をもとに、もっと複雑な関係を定義することができる。例えば、ボキャブラリーＶ′が実践／能力Ｐを特定するのにＶＰ十分であり、かつＰはボキャブラリーＶを用いるのにＰＶ十分であるというときに、Ｖ′とＶのあいだに成り立つ関係である。このＶＶ関係はふたつの基本的なＭＵＲの合成（*composition*）である。これが成り立つとき、Ｖ′はＶの語用論的メタ・ボキャブラリー（*pragmatic metavocabulary*）である、と言おう。これがあれば、ボキャブラリーＶが表現する物事を言っていることになるためには何をするのでなければならないか、ということを言うことができる。この関係は図6－1のような意味－使用ダイアグラム（*meaning-use diagram*, MUD）によって図示することができる。

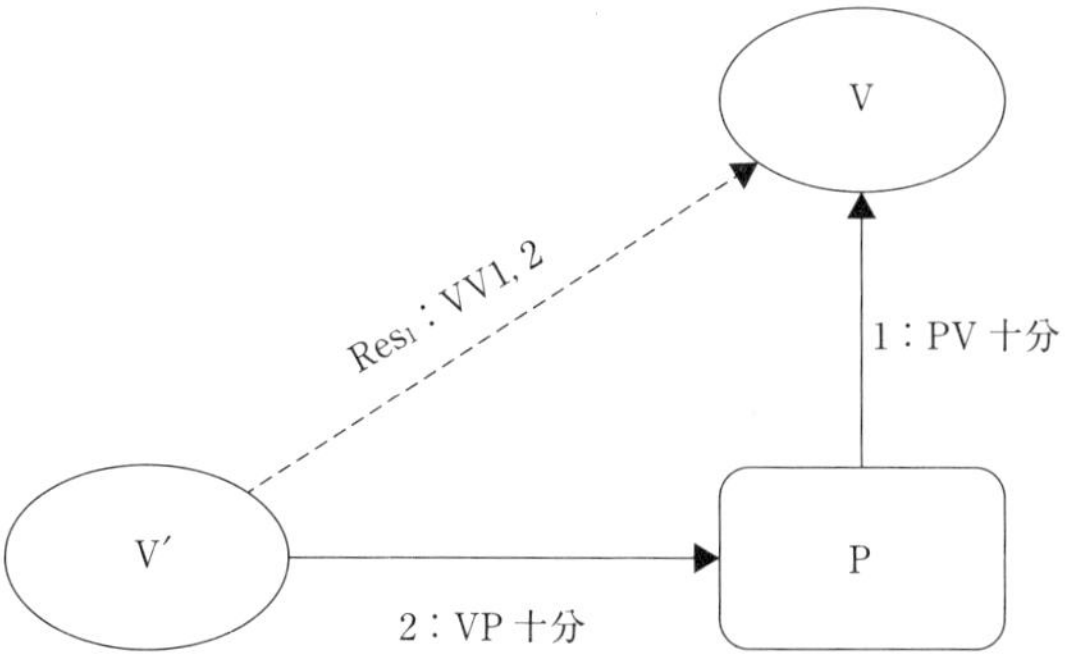

図6－1　語用論的メタ・ボキャブラリーを図示する意味－使用ダイアグラム

このダイアグラムの記法は次のようになる。

- ボキャブラリーは楕円で示し、実践／能力は（角丸）長方形で示す。
- 基本意味－使用関係（basic meaning-use relation）は実線矢印で表し、番号を割り振ったうえで関係の種類に応じてラベルを付す。
- 合的意味－使用関係（resultant meaning-use relation）は点線矢印で表し、番号を割り振ったうえで、種類、およびその導出元となる基本MURに応じてラベルを付す。

ここでの考え方は、合的MURとは、そのラベルで挙げられているすべての基本MURが成り立つときに成り立つ関係である、というものだ。

語用論的メタ・ボキャブラリーであるというのは、私がここで導入したい関係の類に属するもののなかでも、最も単純な種である。ここで導入したい類とは、ボキャブラリー同士のあいだに成り立つ語用論媒介的意味関係（*pragmatically mediated semantic relation*）である。この関係は、実践／能力がふたつのボキャブラリーの一方（何をすればそれをしていることになるのかを言うもの）によって特定され、かつその実践／能力がもう一方のボキャブラリー（それをすることによって言われること）を用いるものであるか、あるいはその使用そのものとなっているという形で、そうした実践／能力によって語用論的に媒介されている。これによってふたつのボキャブラリーのあいだに確立される意味論的関係は独特のものであり、例えば定義可能性、翻訳可能性、還元可能性、随伴といったものとはまるで異なる。**古典的分析プロジェクトを拡張し、このプロジェクトへのプラグマティズムからの批判を駆動するような洞察を本質的かつ建設的な要素として組み込めるようにするための私からの基本的な提案とは、このプロジェクトが伝統的に利用してきたボキャブラリー同士のあいだの古典的な意味論的関係に加えて、語用論媒介的意味関係も考えようということであり、語用論的メタ・ボキャブラリーであるという関係はその後者の範例である。**

この最も単純な語用論媒介的意味関係を、古典的分析において伝統的に最大の関心を払われてきたボキャブラリーとの関連で考えた場合に、それはいかなる状況において哲学的に興味深いものとなるのだろうか。語用論的メタ・ボキャブラリーを他方のボキャブラリー、すなわちそれを用いるのに十分となる実践／能力が問題の語用論的メタ・ボキャブラリーによって特定されるようなボキャブラリーと比較し、両者が表現力において有意に異なる、というような語用論的メタ・ボキャブラリーがいくつかの事例において存在するとわかったなら、それは大いに有意義となりうるような結果の、少なくとも一種となりそうだ。この現象を「語用論的な表現ブートストラップ(*pragmatic expressive bootstrapping*)」と呼ぼう。一方のボキャブラリーが他方に比べて表現力において厳密に弱いとき、これを厳密な(*strict*)表現ブートストラップと呼ぶ。標準的な意味論ではこの種の現象は馴染みのものであり、意味論的メタ言語はときに対象言語と表現力において実質的に異なっていて、例えば様相表現に関する可能世界意味論に見られるように、内包的言語に対して外延的なメタ言語を作ることができたりする。語用論媒介的意味関係の場合にこの形をとる主張の一例となるのは、もちろん私が導入した道具立てのもとで表現されているわけではないが、ヒュー・プライスの語用論的な規範自然主義である。[10] 彼が論じているのは要するに、規範的ボキャブラリーは自然主義的ボキャブラリーに還元可能ではないが、それでも規範的ボキャブラリーを用いていることになるためには何をするのでなければならないかについては、徹頭徹尾自然主義的なボキャブラリーにおいて言うことが可能かもしれない、ということだ。表現ブートストラップとなる自然主義的な語用論的メタ・ボキャブラリーが、規範的ボキャブラリーに対して存在しているという主張、これが立証されうるとしたら、哲学的分析の古典的プロジェクトが内包する自然主義のコア・プログラムの展開において、疑いなくそれは重要な一章となるはずだ。これは、そうした分析プロジェクトを語用論媒介的意味関係の導入によって拡張することから期待しうる見返りの範例となるだろう。(のちに指標的ボキャブラリーに関するこうした形の主張について簡潔に論じる。)

語用論的メタ・ボキャブラリーであるという語用論媒介的意味関係を示す意味－使用ダイアグラムは、それに特有な種類の分析のありようを例示する。このダイアグラムでは、そうした関係はPV十分性とVP十分性というふたつの基本意味‐使用関係の合成によって得られる、合的関係として表される。複合的MURは基本MURに演算を適用した結果として分析されることになる。これが意味‐使用分析（*meaning-use analysis*）である。この同じ分析道具が、もっと複雑な語用論媒介的意味関係に対しても適用される。古典的分析プロジェクトにおける経験主義のコア・プロジェクトに対してセラーズが提示したプラグマティズムからの批判のひとつを考えてみよう。それは、ボキャブラリー使用という実践／能力から成るある集合が、別の集合に語用論的に依存している、という主張に基づいている。

　物事の単なる現れ方を述べるときにしていることには、物事が実際にそのようであるということへのコミットメントを控えるということが含まれている、とセラーズは考えるため、またそもそも引き受けることができないコミットメントについては、それを控えているなどと理解されることはありえないため、物事の実際のあり方に関する主張をする能力を持つことなしに、物事の見え方や現れ方について何かを述べたり考えたりする能力は持ちえない、そう彼は結論する。要するに現象主義版の経験主義に対するセラーズによるプラグマティズムからのこうした批判は、φ「である」という語りにとってPV十分な実践が、φ「に見える」という語りにとってPV十分となる実践に対して、PP必要である、という主張から成っている(11)。実践／能力同士のあいだのそうした語用論的な依存関係からは、ボキャブラリー同士のあいだの合的な語用論媒介的意味関係が引き出される。この主張に対応する意味‐使用ダイアグラムは図6‐2に示されている。

　ここでの合的MURは、一種の複合的で、語用論に媒介されたVV必要性、つまりは、意味論的前

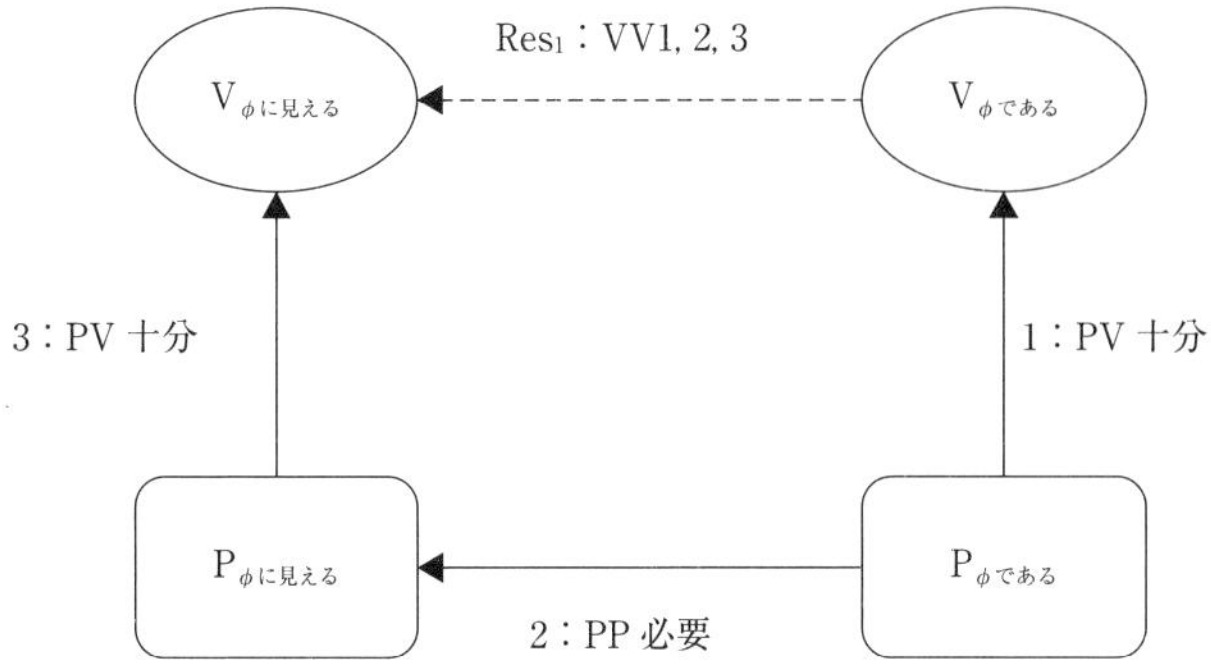

図 6－2　語用論媒介的な意味論的前提の事例

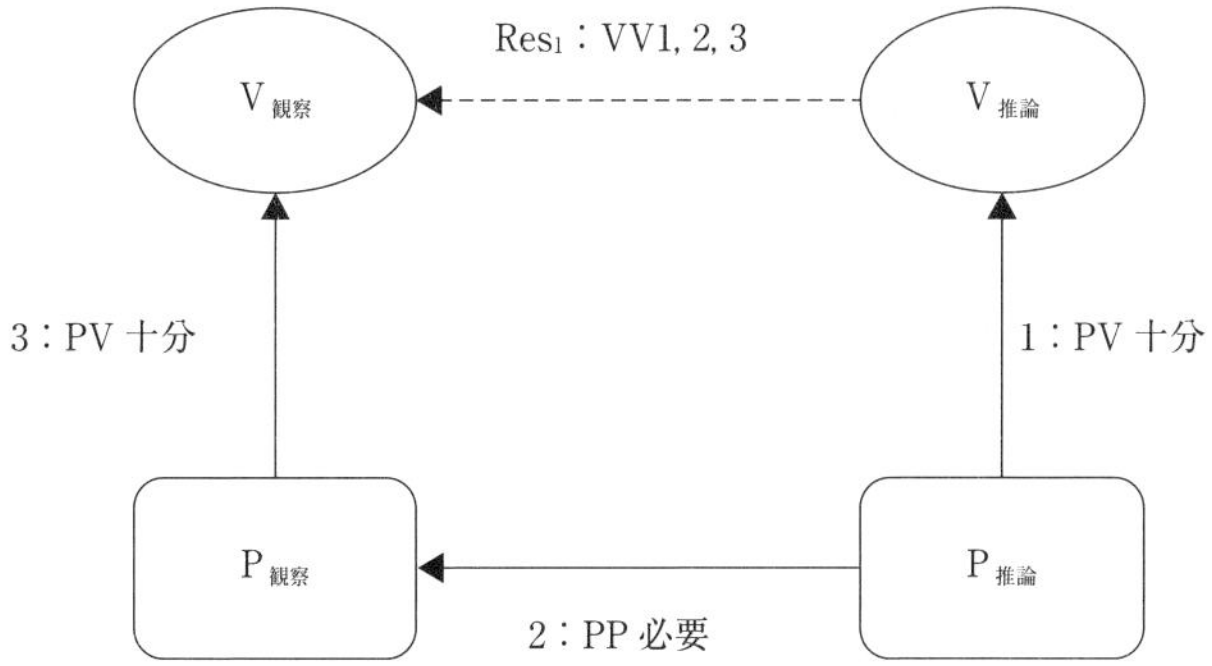

図 6－3　語用論媒介的な意味論的前提のさらなる事例

提関係となる。

　ボキャブラリー使用のための実践／能力のひとつの集合が、実践／能力の他の集合に語用論的に依存しているという決定的なPP必要性関係があるのだ、ということを示すためにセラーズがどのような論証を与えているのかという点に関しては違いがあるのだが、実のところ、観察版の経験主義への反論、すなわち純粋に非推論的で観察的な使用なるものは自律的な言説実践を形成せず、推論的な使用を前提するという主張は、これとまったく同じ形式を備えている（図6－3を見よ）。

　以上の事例について、ダイアグラム内で合的MURとして分析されるような語用論媒介的意味関係の本性に関して、さらに言えることがある。すぐさまこのVV合的MURに飛びつくのでなく、PP必要性関係とふたつ目のPV十分性関係の合成をまず書き加えて、一種の複合的な語用論的前提関係を作ることもできるのだ（図6－4を見よ）。

　対角線上の同一の合的矢印が、一方では関係2と3の合成であり、かつ他方では関係1とこの新しく与えられた関係との合成でもあるものと図示されうるように、$V_{\phi \text{である}}$から$V_{\phi \text{に見える}}$への矢印を書き加えてこのダイアグラムを完成させたとしよう。このとき圏論の研究者なら、このダイアグラムは可換である（*commute*）と言うだろう[7]。さらにダイアグラムを可換にするために補われなければならない矢印は、合成 Res_2 を通じた関係1の引き込み（*retraction*）と呼ばれ[8]、図6－5のように示される。

　したがって合成に次いで複雑な形式の合的MURとは、引き込みである。経験主義に対するセラーズによるプラグマティズムからの反論が備える構造を分析するには、現象ボキャブラリーと客観的ボキャブラリーのあいだに成り立つと主張される語用論媒介的意味関係を、もっと基本的な意味－使用

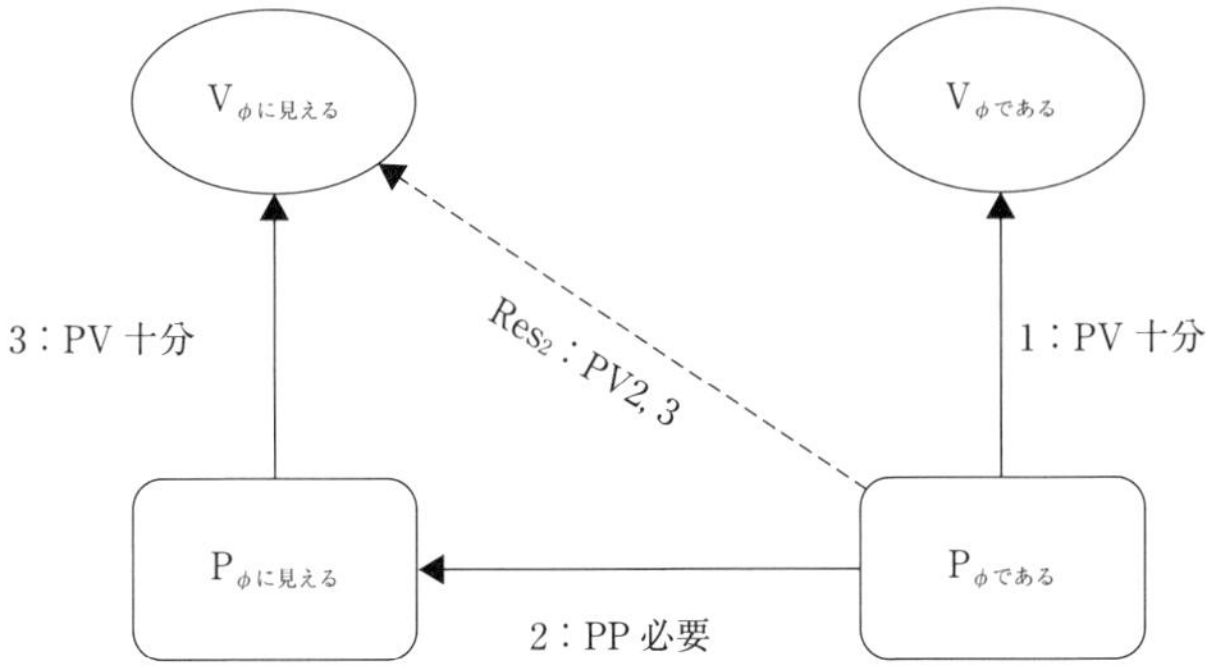

図 6－4　意味－使用関係の合成

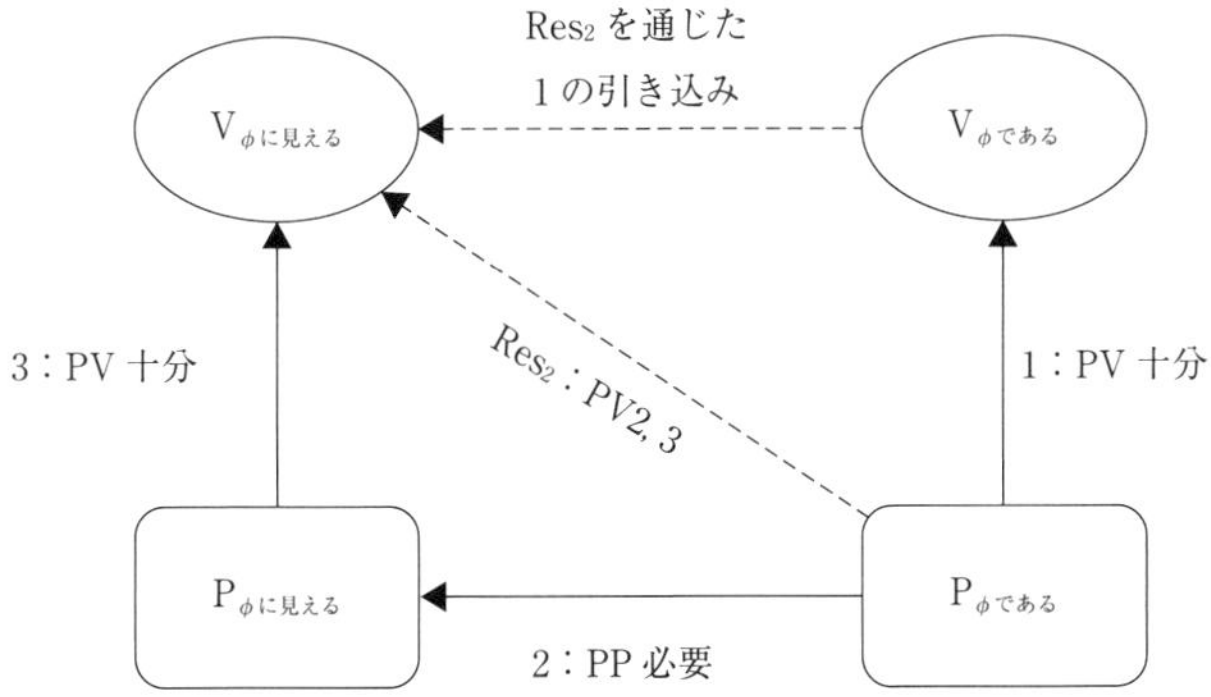

図 6－5　意味－使用関係の合成と引き込み

関係を集めたものの引き込みとして認識する必要がある。

4　オートマトン——統語論的なPV十分性とVP十分性

さて、以上のことは何もかも極めて抽象的だ。話をもっと明確にするためには、（少なくとも）ボキャブラリー、実践／能力、PV十分性、VP十分性といった概念の詳細を詰める必要がある。こうした概念こそさまざまな合的意味-使用関係への「意味-使用分析」と私が呼んでいるものを明晰に描き出してくれる基礎的要素なのである。意味-使用分析の対象となる関係のなかにはとりわけ、ボキャブラリー同士のあいだに成り立ち、プラグマティズムからの批判が持つ正しい点を汲みとりながら古典的な哲学的分析プロジェクトを追求するためには、これを認めなければならないのだ、と私が主張しているような語用論媒介的意味関係が含まれている。手始めに、上記のようなメタ理論的役割を果たす事物や関係について、普通では考えられないくらい明白かつ正確に捉えることができるような特殊事例に目を向けるのがよいだろう。すなわち、「ボキャブラリー」が純粋に統語論的な意味を持つような事例である。もちろん最終的に扱いたい事例に関わるのは、意味論的な含意を組み込んだ形で理解されるボキャブラリーである。だがわかりやすさや単純さといった利点があるだけでなく、統語論的な事例には、意味論的な事例にも引き継がれるような、いくつかの重要な教訓が見出される。

ボキャブラリーを、ほかのものをそぎ落として統語論的意味のもとだけで理解されるものへと制限したなら、そうしたボキャブラリーを用いるとはどういうことか、それを用いるのに十分となる実践／能力を特定するとはどういうことか、ということの捉え方もまた、相応の制限を受けることになる。アルファベットが与えられたとしてみよう。アルファベットとは原始的な記号タイプの有限集合であり、例えば英語アルファベットに含まれる各文字がそのような記号タイプにあたる。したがってそうしたアルファベットから生成される宇宙（*universe*）は、このアルファベットから引き出された要素を結合することで形成されうるすべての有限の文字列から成る。そうすると、このようなアルファベットの上のボキャブラリーとは、いま問題としている統語論的な意味においては、そのアルファベットから生成される文字列より成る宇宙の、任意の部分集合となる。生成のもととなるアルファベットが英語アルファベットであるとしたなら、ボキャブラリーはすべての英語文から成っていてもよいし、すべての可能な英語のテクストから成っていてもよく、また『明示化』に含まれるすべての文のみから成っていてもよい(12)。

ほかのものをそぎ落とした統語論的な意味でのこうしたボキャブラリーについて、それを用いているということになる能力に関して何が言えるだろうか(13)。問題となっている能力とは、そうしたボキャブラリーを読み、書く能力である。ここでの純粋に統語論的な意味においてボキャブラリーを「読む」ということが意味しているのは、アルファベットが生成する宇宙のうちでそのボキャブラリーに属す文字列とそうでない文字列とを実践において区別することができる、ということである。さらにボキャブラリーを「書く」ということが意味するのは、アルファベットの宇宙に含まれる文字列のなかで、そのボキャブラリーに属すもののすべてを、そしてそれだけを、実践において産出することができる、ということである。

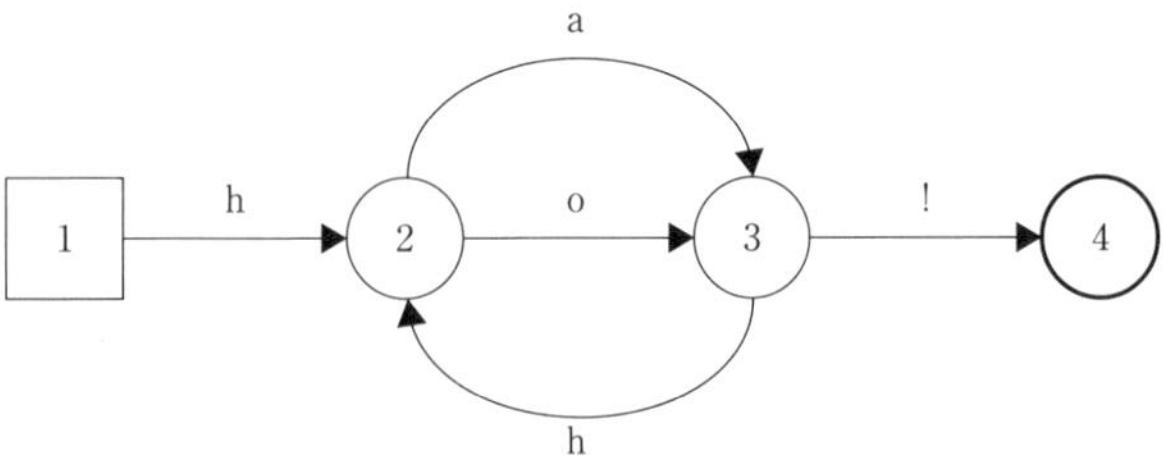

図6-6　サンタの笑い声オートマトン

アルファベットから宇宙が生成され、その宇宙からボキャブラリーが引き出されることになるわけだが、そうしたアルファベットを上記の意味で読んだり書いたりする能力を、原始的な能力として仮定しよう。つまりこれは、アルファベットのトークンにそのタイプに応じて異なる反応をしたり、あらかじめ指定されたアルファベット・タイプに属するトークンを産出したりする能力のことである。すると、いくつかのボキャブラリーに関して、それを用いるのにPV十分となる能力が、際立って単純な形式のもとで特定されうることになる。要するに有限状態オートマトン（*finite-state automata*, FSA）となるのだ。具体例として、まずアルファベット｛a, h, o, !｝があるとしよう。このときサンタの笑い声ボキャブラリーというものを考えることができる。これは「hahaha!」、「hohoho!」、「hahahoho!」、「hohoha!」などといった文字列から成る[14]。図6－6はサンタの笑い声有限状態オートマトンを図示しており、サンタの笑い声ボキャブラリーを読み書きすることができる。

番号つきノードはこのオートマトンの状態を表し、アルファベットでラベルづけされた有向線分は状態遷移を表す。表記上の約束事として、開始状態を正方形で表し（状態1）、最終状態を太線の円で表す（状態4）。

サンタの笑い声ボキャブラリーを読むという面において、このオートマトンが担う課題は、有限の長さの文字列を処理し、それがこのボキャブラリーに属す適格な文字列であるかどうかを決定する、ということである。このオートマトンは、状態1から出発して一度にひとつのアルファベット文字を処理する。文字列が認識されるのは、それが最終状態、すなわち状態4に達する場合（そのとき）であり、またその場合（そのとき）に限る。もし文字列の最初の文字が「h」でなかったらオートマトンは状態1で動かなくなり、その文字列は拒否される。最初の文字が「h」だったなら状態2へと遷移し、次の文字を処理する。次の文字が「a」でも「o」でもなかったなら状態2で動かなくなり、その文字列は拒否される。その文字が「a」か「o」であったなら状態3へ遷移する。次の文字が感嘆符であったら状態4へと遷移し、文字列「ha!」もしくは「ho!」を認識する。これはサンタの笑い声ボキャブラリーにおける最短の文字列である。そうでなく次の文字が「h」であった場合、状態2へと戻り、感嘆符に最終的に達するまで「ha」と「ho」のループを任意の回数だけ繰り返す。そのようにならないときは、おかしな文字を与えられているということになる。

サンタの笑い声ボキャブラリーを書くという面において、このオートマトンが担う課題は、そうしたボキャブラリーにおいて適格な文字列に含まれるあらゆるものを産出しうるプロセスに従い、実際にそのような文字列だけを産出する、ということである。このオートマトンは、初期状態である状態1から出発し、「h」を発して（これが唯一可能な動きである）、状態2へと遷移する。この状態においては「a」と「o」のいずれかを産出することができ、一方をランダムに選んで状態3へと向かう。[15]この状態では感嘆符を付け加えて最終状態である状態4へと遷移してプロセスを終了してもよいし、新しく「h」を発して状態2へ戻り、プロセスを繰り返してもよい。いずれにせよ状態4に達して停止するときには、それによって構築される文字列は必ずサンタの笑い声ボキャブラリーの成員となる。

ノードと有向線分を組み合わせて前掲のような有向グラフを作り上げたとき、それがいかにサンタの笑い声ボキャブラリーを読み書きする（それに含まれる任意の文字列を認識し、産出する）能力を表しているかということについては、以上のような手短な準備演習で明らかになったことと思う[16]。そうした有向グラフが表すのは、問題のボキャブラリーを用いるのにPV十分となる能力である。すなわち先述のような純粋に統語論的な事例に合わせて弱めた意味での、それを読んで書く能力だ。さらに有向グラフによる図示そのものが、こうしたボキャブラリー使用能力を特定するのにVP十分となる、ひとつのボキャブラリーである。要するに有限状態オートマトンの有向グラフによる図示は、サンタの笑い声ボキャブラリーに対する語用論的メタ・ボキャブラリーとなっている。それゆえ有向グラフのボキャブラリーとサンタの笑い声ボキャブラリーのあいだの関係とは、ボキャブラリーとボキャブラリーのあいだの、ここでは意味論的なものではなく統語論的なものではあるが、語用論媒介的な関係なのだ。

有向グラフの形式による図示を「ボキャブラリー」と呼ぶのは、拡大解釈に見えるかもしれない。そこでこのあたりの事柄に関する最後の論点を導入するひとつの方法として、サンタの笑い声ボキャブラリーに対する、有向グラフとは異なる形式の語用論的メタ・ボキャブラリーを考えてみるのが有益だろう。有限状態オートマトンには、有向グラフによる表示に加えて、状態表（*state-table*）による表示を用いることもできる。サンタの笑い声オートマトン（the laughing Santa automaton, LSA）に対して、そうした表示は表6－1によって与えられる。

読みモードでは、このオートマトンは状態1から始まる。特定の文字を与えられたときにどのような挙動を示すかを知るには、その文字がラベルとなっている行を見ればよい。入力された文字列が「h」以外の文字で始まるならLSAは停止する（Halt）が、「h」で始まる場合には状態2へ遷移する。この状態において、

表6－1　サンタの笑い声オートマトンの状態表による表示

	状態1	状態2	状態3
a	Halt	3	Halt
h	2	Halt	2
o	Halt	3	Halt
!	Halt	Halt	4

表が特定するオートマトンは次の文字が「a」か「o」である場合を除いて停止し、次の文字が「a」か「o」である場合には状態3へ遷移して、以下同様となる。（状態4には対応する列がないが、それはこの状態が最終状態であり、それ以上の文字を受けつけることも産出することもないからである。）FSAの任意の有向グラフによる表示について、それと対応する表による表示があり、逆もまた成り立つ、というのは明らかだ。さらに、この情報を伝えるのに二次元表を用いる必要はないという点にも注意してほしい。行を次のような形式で順につなぐこともできる。

aHalt3Halth2Halt2oHalt3Halt!HaltHalt4

これは、LSAのアルファベットが生成する宇宙から引き出される文字列に、「Halt」とこのオートマトンの状態に対する記号表示とを加えた、単なる文字列である。LSAと同じ基本アルファベットの上に定義されるボキャブラリーを用いるような有限状態オートマトンに対し、それを特定する文字列は、これまでに考えてきたたぐいのテクニカルな統語論的意味において、

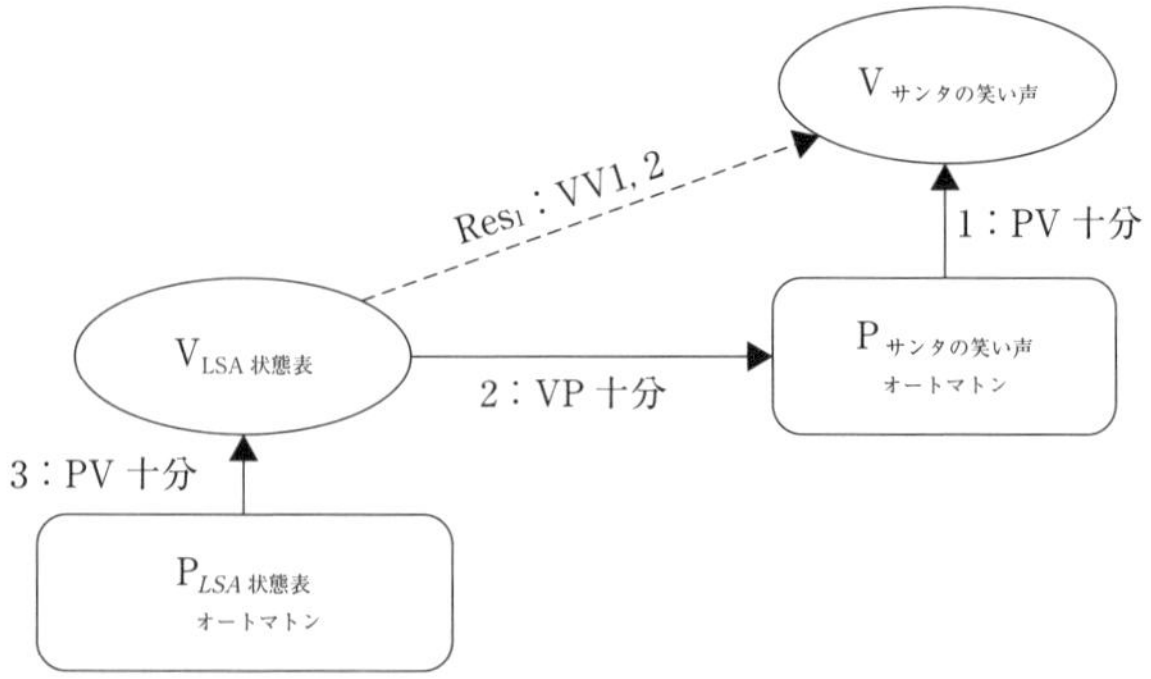

図6－7　サンタの笑い声ボキャブラリーを用いるオートマトンの特定

ひとつのボキャブラリーを形成する。そしてこれが意味しているのは、状態表をエンコードした当のボキャブラリーを読み書きしうるオートマトンとはいかなるものなのか、と問うことができるということである。したがってこの状況を示す意味－使用ダイアグラムは図6－7のようになる。

5　チョムスキー階層——語用論的表現ブートストラップの統語論における具体例

純粋に統語論的なボキャブラリーの概念に焦点を絞ることで、「語用論的メタ・ボキャブラリー」というものがわかりやすくなる。有向グラフと状態表のいずれのボキャブラリーも、有限状態オートマトンとして明確に表される実践的能力の特定にVP十分であり、そしてそうした能力は、認識し産出するという意味でサンタの笑い声ボキャブラリーやその他の多くのボキャブラリーを用いるのに、PV十分なのである。（もちろん純粋に統語論的なボキャブラリーによって物事がわかりやすくなるのは、有向グラフや状態表といったまさにこのボキャブラリーを用いるのにPV十分な能力の集合を背景とした場合に限られる。）驚かれるかもしれないが、純粋に統語論的に捉えたボキャブラリーは厳密な語用論的表現ブートストラップというものの、最良の具体例も与えてくれる。というのもこの状況設定のもとで、ほかのあるボキャブラリーよりも表現力が弱いあるボキャブラリーが、それでもなお強い方のボキャブラリーに対して十分な語用論的メタ・ボキャブラリーとなりうることが証明できるのだ。つまり、強い方のボキャブラリーにおいて言われうるすべてのことを、弱い方のボキャブラリーにおいて言うということはできないが、それでも強い方のボキャブラリーを用いるために
することができる必要のあるすべてのことを、弱い方のボキャブラリーにおいて言うことはできるのである。

ここでの関連においても、ボキャブラリーのあいだの相対的な表現力という概念は、やはり純粋に統語論的なものである。すでに一九五〇年代において、それぞれ異なる文法のクラスによって生成され（これは私の用語で言い換えると、それぞれ異なる種類の統語論的メタ・ボキャブラリーによって特徴づけられる、ということだ）、それぞれ異なる種類のオートマトンによって計算されるような、それぞれ異なる諸々の文字列クラスについて、チョムスキーが数学的な特徴づけを与えている。ボキャブラリー、文法、オートマトンの種別は、対応するもの同士で互いに一揃いにされたうえで、厳密な表現力の階層へと振り分けることができる。これがチョムスキー階層（the Chomsky hierarchy）である。これは表6－2に要約される。

私が提示したい論点にとっては、ありがたいことにこの表に要約される情報を、それほど深く掘り下げる必要はない。少数の基本的な点を挙げれば十分である。最初に気づくべきことは、私たちが追

表6-2　チョムスキー階層

ボキャブラリー	文　法	オートマトン
正規	A → aB A → a	有限状態オートマトン
文脈自由	A →〈任意〉	プッシュダウン・オートマトン
文脈依存	c_1Ac_2 → c_1〈任意〉c_2	線形拘束オートマトン
帰納的加算	規則に制限なし	チューリング・マシン (＝2スタック PDA)

求してきた統語論的な意味でのボキャブラリーは、そのすべてが有限状態オートマトンによって読み書き可能なわけではない、ということだ。例えば、アルファベット{a, b}上で定義され、任意の数の「a」のあとに同じ数の「b」を続けて作られるすべての文字列から成るボキャブラリー a^nb^n については、これを用いるのにPV十分となる有限状態オートマトンは存在しない、ということが示せる。その証明の背後にある考え方とは、(読むときに)「a」の連なりのあとに正しい数の「b」が続いているかどうかを判断したり、(書くときに)正しい数の「b」を産出したりするためには、いくつの「a」が処理された(読み書きされた)のかをオートマトンがなんらかの仕方で覚えていなければならない、というものだ。FSAが情報を保管できるとしたら、ある状態ではなく別の状態になる、という仕方でそれをするしかない。その場合、「a」がひとつ処理されたならある状態、もしくはなんらかの状態クラスの要素となるある状態になり、ふたつ処理されたら別のそうした状態になり、などということになる。だが定義より、有限状態オートマトンは有限個の状態しか持たず、しかもその個数は入力を受け取ったり出力を産出したりするのに先立って固定されている。状態の個数がいくつであり、また状態へ番号の割り当てをするのにどのような体系が用いられたとして

も（一対一対応である必要はなく、例えば十進法による割り当てをおこなってもいい）、「ａ」の個数があまりに大きすぎて、それを数え終わる前にオートマトンが状態を使い切ってしまう、というような個数が存在する。しかしいま問題となっているボキャブラリーは、「ａ」の連なりと「ｂ」の連なりからできた任意の長さの文字列から成るのである。実は（先に例示したような有向グラフや状態表によって特定可能な）有限状態オートマトンが用いることの現にできるボキャブラリーがどのようなものであるかは、正確に述べることができる。そうしたボキャブラリーは「正規（regular）」ボキャブラリー（もしくは正規言語）と呼ばれる。

　次にポイントとなるのは、正規でなく、それゆえ有限状態オートマトンでは読み書き不可能な a^nb^n のようなボキャブラリーについても、わずかに複雑さの増したオートマトンであればそれを用いることが現にできる、ということだ。先ほどの手短な議論が示していたように、a^nb^n のような言語を相手取ったときにＦＳＡが抱える問題とは、直観的に言えばそれが記憶を欠いているということである。ＦＳＡに記憶を与えたなら、機械の新たなクラスが得られる。（非決定性[17]）プッシュダウン・オートマトン（*push-down automaton*, PDA）である。アルファベット・タイプに即して異なる仕方でトークンに反応したり、タイプに合ったトークンを産出したりでき、それから状態を遷移することができるというだけでなく、ＰＤＡはアルファベット値を記憶スタック（*memory stack*）のトップに押し込み、そうしたスタックのトップから値を引き出すことができる。ＰＤＡには有限状態オートマトンにできることは何でもできるが、a^nb^n のような、正規でないがゆえにＦＳＡには読み書きできない多くのボキャブラリーを読み書きすることもできる。ＰＤＡが用いうるボキャブラリーは「文脈自由（context-free）」と呼ばれる。正規ボキャブラリーはすべて文脈自由であるが、逆は成り立たない。このようにボキャブラリーのクラスは真包含関係にあるが、これによってあるボキャブラリーが他のボキャブラリーより「表現力が強い」ということについて、こうした純粋に統語論的な状況設定に適した形で、明確な意味が与えられる。それを特定する文法の種類が変わり、またそれを計算するオートマトンの種類が変われば、ボキャブラリーのクラスはだんだんと大きくなりうるのである。正規でない文脈自由ボキャブラリーは、その特定のために正規ボキャブラリーの場合よりも強力な文法を必要とし、同様に、それを用いるには強力なオートマトンが必要となる。ＦＳＡはＰＤＡの特殊なものであり、あらゆるオートマトンはチューリング・マシンの特殊なものである。帰納的加算ボキャブラリーは必ずしも文脈依存ボキャブラリーや文脈自由ボキャブラリー、正規ボキャブラリーへと統語論的に還元可能ではない。そして能力において劣るオートマトンは、チューリング・マシンが読み書き可能なボキャブラリーのすべてを読み書きできるわけではない。

　とはいえ、このように統語論的に特徴づけられたボキャブラリーのあいだに成り立つ語用論媒介的な関係へと目を向けると、それによって一種の厳密な表現ブートストラップが可能になっていることに気づく。そのおかげで、ボキャブラリー同士の純粋に統語論的な関係の場合には表現力に対して課せられている制限を、この場合にはある意味では避けることができるのである。チョムスキー階層の命じるところでは、帰納的加算ボキャブラリー全般を用いるのにＰＶ十分となるのは、チューリング・マシンにおいて、[9]すなわちふたつのスタックを持つプッシュダウン・オートマトンにおいて体系化されている（codified）能力のみである。だがここでこう問いかけることができる。チューリング・マシンを特定するのに、それゆえ帰納的加算ボキャブラリー全般にとって十分な語用論的メタ・ボキャブラリーとなるのに、VP十分な言語のクラスとはどのようなものなのか。驚くべき事実がある。**チューリング・マシンにおいて体系化されている能力、つまり任意の帰納的加算ボキャブラリーを認識し産出する能力は、かなり一般的に文脈自由ボキャブラリーにおいて特定可能なのである。**文脈自由ボキャブラリーが帰納的加算ボキャブラリーに比べて統語論的な表現リソースにおいて厳密に弱い、ということは証明可能だ。文脈自由ボキャブラリーのみを読み書きしうるプッシュダウン・オートマトンは、帰納的加算ボキャブラリー全般の読み書きをすることはできない。だが帰納的加算ボキャブラリー全般を用いるためには何をすることができなければならないかということについては、文脈自由ボキャブラリーにおいて言うことができるのである。

この主張に対する証明は長ったらしいが難しくはなく、そして主張そのものについて議論の余地は皆無なのだが、とはいえ計算言語学者は私がこの事実の重要性を強調するに至ったのとはかなり異なる理論的関心を持っているため、このことをまるで活用していない。（私が参照した入門用の教科書ではこの証明を読者への練習問題にしていた。）[18] チューリング・マシンや他の万能コンピューターが任意の帰納的加算関数を計算し、それにより任意の帰納的加算ボキャブラリーを産出するのに用いるアルゴリズムは、PascalやC++のような汎用コンピューター言語によって特定することができる。そしてそうした言語は決まって文脈自由言語なのである。[19] その理由は少なからず、こうしたタイプの文法が単純であり、そのおかげで構文解析プログラムが書きやすい、というだけのものであったりする。それでもこうした言語は、およそどのようなチューリング・マシンに対しても、それを表す状態表や、

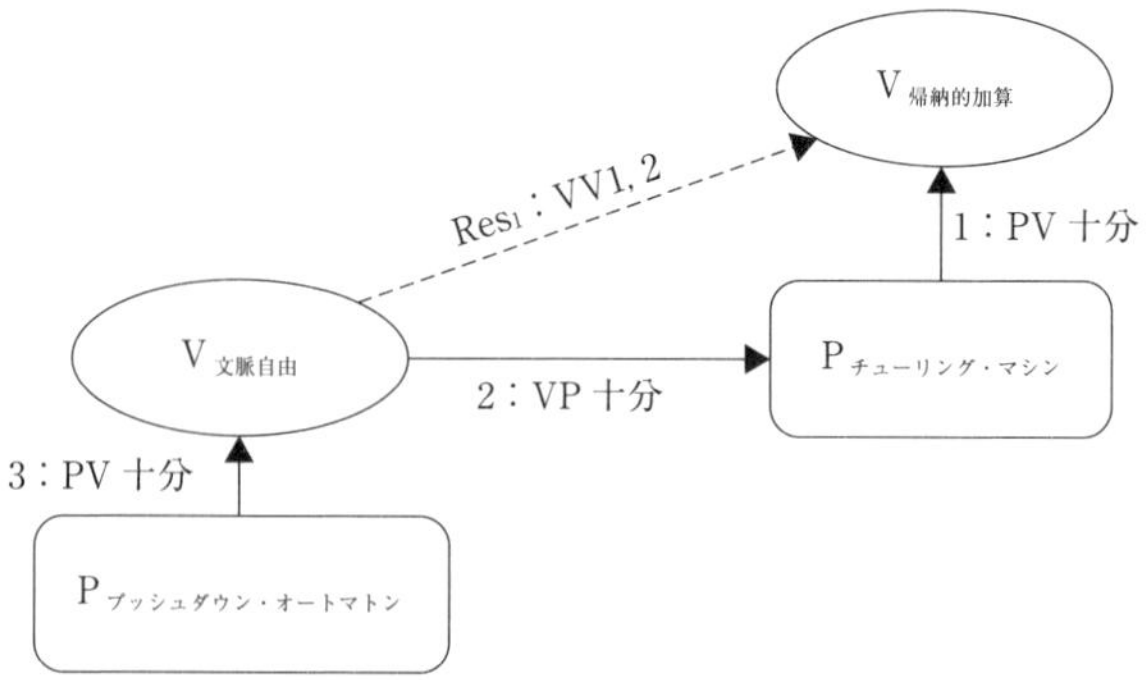

図6－8　統語論的な語用論的表現ブートストラップ

それが持つテープ（あるいはふたつのスタック）の内容、それに備わった原始的演算を特定するのに十分なのである。図6－8は統語論的に特徴づけられたボキャブラリー同士のあいだに見られる、以上のような語用論媒介的な関係を特徴づけるMUDである。

文脈自由ボキャブラリーが帰納的加算ボキャブラリー全般に対する十分な語用論的メタ・ボキャブラリーとなりうるという事実を、私は「驚くべき」と述べたが、それは一方のクラスのボキャブラリーが他方に統語論的には還元不可能であると証明できるためである。だがチョムスキー階層を云々することでもたらされたこれまでの文脈から離れたなら、そうした語用論的ブートストラップが可能であるということは、つまるところ驚くにはあたらないと見てとれる。というのも、この結果が本当に意味しているのは、こういうことにすぎないのだ。すなわち、文脈自由ボキャブラリーを用いるという能力には、このボキャブラリーのおかげで特定されることになる当の能力は含まれておらず、それゆえこのボキャブラリーだけでは言えないような事柄がありはするのだが、そうした事柄を言うためには何をしなければならないのかということならば、この文脈自由ボキャブラリーによって言うことができるのだ、と。したがって例えば「『a』をスタックに押し込め」のような命令が含まれており、それゆえPDAのプログラムを特定するようなボキャブラリーであっても、だからといってFSAには読み書きしえないなどという理由はないのである。これはたとえFSA自体はスタックを持たず、自身が用いているボキャブラリーによって特定される事柄を自分ですることはできないとしても、変わらない。コーチはたとえ自分が選手にやらせていることを自分ではできず、自分が特定している能力を自らは持っていなかったとしても、それでも選手に向かって、何をすべきか、それどころかどのようにそれをすべきかを正確に教えられる、ということがある。表現力の弱い語用論的メタ・ボキャブラリーであっても、それより表現力の強いボキャブラリーを用いるために何をしなければならないのかを言う能力を持つことはできるが、このことに戸惑うべきではないのである。私たちが見るべきはただ、私たちが関心を持っているボキャブラリーについてこうしたことが実際に成り立ちそうなのはどこにおいてかということであり、またそれが成り立つときにそうした関係から何を学ぶことができるのかということなのだ。

6　語用論的表現ブートストラップの意味論における具体例とさらなる基本意味－使用関係ならびに合的意味－使用関係

少しばかりのオートマトン理論と初歩的な計算言語学を絡めた演習を以上で見てきたわけだが、何のためにそのようなことをしていたのかを思い出そう。私が提案していたのは、古典的な意味論的分析のプロジェクトを拡張して、このプロジェクトをプラグマティズムの観点から批判する人々によってもたらされる洞察を取り込めるようにするひとつの方法は、意味と使用のあいだの関係を分析的に見ることである、ということだった。もっと具体的に言うなら、ある意味で相補的なふたつの関係に、まず注目しようと提案したのである。ひとつはある所与のボキャブラリーに対してある実践／能力の集合が、それを用いるのにPV十分となるときに成り立つ関係であり、もうひとつはある所与の実践／能力の集合に対してあるボキャブラリーが、それを特定するのにVP十分となるときに成り立つ関係である。これらの合成が、ボキャブラリー同士のあいだの語用論媒介的意味関係のなかでも、最も単純なものとなる。すなわち、あるボキャブラリーが別のボキャブラリーに対する十分な語用論的メタ・ボキャブラリーとなるときに成り立つ関係だ。これは複合的であり語用論に媒介されている意味論的な関係から成る、再帰的に生成可能な無限クラスに属すものの範例となるが、そうした関係こそ、ボキャブラリー同士のあいだに成り立ち、分析哲学者たち（例えば経験主義や自然主義といったコア・プログラムに取り組む人々）がこれまで探究してきた他の意味論的関係と同列のものとして、要するに、分析可能性、定義、翻訳、還元、一方が他方を真にすること、随伴といった関係とともに、認めるよう私が提案するものなのだ。さらに、語用論的メタ・ボキャブラリーがとりわけ興味を引くのは「表現ブートストラップ」と私が呼ぶものをそれが示す場合である、ということも提案した。すなわち語用論的メタ・ボキャブラリーの表現力が、ターゲット・ボキャブラリーのそれとはっきりと異なっている場合である。それが最も際立つのは、メタ・ボキャブラリーが実質的に表現力において弱いときであり、タルスキによればこれは意味論的メタ・ボキャブラリーについては期待すべきでないことなのである。意味論的メタ・ボキャブラリーは、それが取り組んでいるボキャブラリーよりも表現力において一般に強いはずなのだ。

以上のような発想のいずれについても、純粋に統語論的に特徴づけられたボキャブラリーという特殊な例を使うと、ほかにはないわかりやすさでもって例示できる、ということをすでに見た。そうしたボキャブラリーを用いるのにPV十分な能力は、それを当該のボキャブラリーを認識して産出する能力として理解する限りにおいて、種々のオートマトンとして考えることができる。そうしたオートマトンを特定するのにVP十分と知られているボキャブラリーとしては、それぞれが確固とした地位を持ち、互いに異なりながらも同値となる複数のものが存在する。この特殊な統語論的事例において、そうした事例の特徴に寄り添いつつ、語用論的メタ・ボキャブラリーが持つ性質を探究することができる。そしてそれをしたとき、ボキャブラリー同士のあいだにある語用論媒介的な統語論的関係のうちに、厳密な表現ブートストラップの顕著な事例が見出されるのである。

むろん私たちが本当に関心を抱いているのは、意味論的な含意を伴ったボキャブラリーが関わる事例だ。そうした事例にも同様の現象の、興味を引く実例が存在するのだろうか。すでに手短に示したように、経験主義のプログラムを追究するさまざまな方法に対してセラーズが打ち出したプラグマティズム的な批判のいくつかは、語用論媒介的意味関係に依拠するものとして理解できる。また以前に言及したヒュー・プライスの考えによると、規範的ボキャブラリーは自然主義的ボキャブラリーに意味論的には還元不可能なのだが、規範的ボキャブラリーを用いるためにしなければならないこと、つまりはそのために携わったり行使したりしなければならない実践／能力については、自然主義的ボキャブラリーはこれを特定するのに十分なのだった。以下で述べる主張をきちんと展開することはできないのだが、さらに指摘したい具体例がここにもうひとつある。二〇世紀の初めからおおよその世紀の四分の三にわたって、指標的ボキャブラリーについて考えを巡らせる哲学者たちは、ある学説をなんらかの形で自明視してきた。それによると、「いま（now）」というタイプの表現をトークン化した*n*は「*n*の発話時点」と同義である、あるいはそれによって定義可能である、意味論的に分析可能である、などとされ、同様のことが「ここ（here）」と「*h*の発話地点」などにも成り立つとされた。一九七〇年代には、ジョン・ペリー（John Perry）、デイヴィッド・ルイス、G・E・M・アンスコムのような哲学者たちが、様相文脈や認識文脈における指標詞の使われ方に着目し、そうした教義が正しいことはありえないということを決定的に示した。指標的ボキャブラリーが表現することを非指標的ボキャブラリーが等しく表現する、などということはありえないのである。この事実はいまやあまりに明白で、ラッセルやカルナップ、ハンス・ライヘンバッハ（Hans Reichenbach）のような哲学者たちがかつて長年にわたって考えてきたのはいったい何ごとであったのか、と訝しくなるかもしれない。だが、彼らのすぐ目の前で本当に立ち現れていたのは、ボキャブラリー同士のあいだに成り立つ語用論媒介的意味関係だったのだと提案したい。具体的に言えば、指標的ボキャブラリーを非指標的ボキャブラリーに意味論的に還元することはできずとも、指標的ボキャブラリーを正しく用いるためには、つまりは本質的かつ還元不可能な形で指標的であるような物事を言うためには、何をするのでなければならないのか、それをもっぱら非指標的な言葉だけによって言うことはできるのである。なぜなら私たちは以下のような実践的規則を定式化することができるからだ。

1. 時点tと地点⟨x, y, z⟩において話し手sが⟨x, y, z, t, s⟩について性質Pが成り立つと確言したければ、「Pは私、いま、ここについて成り立つ」と言うのが正しい。
2. 時点tと地点⟨x, y, z⟩において話し手sが「Pは私、いま、ここについて成り立つ」と確言するなら、性質Pが⟨x, y, z, t, s⟩について成り立つということに話し手はコミットしている。

非指標的ボキャブラリーは、指標的ボキャブラリーに対して十分な語用論的メタ・ボキャブラリーとして働きうる。それでもなお、指標的ボキャブラリーによって言いうるすべてを非指標的な言葉で言うことができるわけではないという事実は、これらのボキャブラリーが表現力において異なり、それゆえ両者のあいだの語用論媒介的意味関係は、厳密な語用論的表現ブートストラップの一例となっている、ということを示しているにすぎない。

さらに別の例もある。ボキャブラリー同士のあいだの語用論媒介的意味関係以外にも、別の種類の語用論的分析がある。それは、ある実践／能力の組み合わせを、他の同様の組み合わせへと関係づけるものだ。これは先ほどの場合とは別の基本意味‐使用関係に対応している。すなわち、ある集合を形成する諸々の能力をすでに習得していたなら、とりもなおさずそれは別の何かをできるようになるために必要となるすべてのことを、原理的にはすでにできるようになっているということを意味する、この場合に成り立つたぐいのＰＰ十分性である。「原理的に」の意味の細部を埋めて明確化するひとつのやり方は、アルゴリズムを用いた組み立て（*algorithmic elaboration*）である。ここでは、ターゲットとなっている能力の行使は、正しい基本的能力を正しい順序で、かつ正しい状況下で行使することにすぎないとされる。（もちろんこれはウィトゲンシュタインのおかげで私たちが注目するようになった実践の投射というものがなす類のうち、ひとつの種であるにすぎない。）具体例を挙げるなら、長除法をおこなう能力は、条件分岐構造を持つ特定のアルゴリズム[10]に従って乗算と減算をおこなう能力の行使のみから成る。そうしたアルゴリズム的なPP十分性関係を実装する実践的能力は、有限状態オートマトン（一般的にはチューリング・マシン）によって行使される能力にすぎない。実のところ、オートマトンとはメタ能力（*meta-ability*）の曖昧性のない集合から成るものだと考えるべきだ。つまりは原始的能力の集合からもっと複雑な能力の集合を組み立てるというメタ能力であり、これに従って後者が前者によって語用論的に分析されたり、前者へと分解されたりするのである[20]。

基本的能力の集合がもっと複雑な能力の集合に対して持つPP十分性というこの概念を、使い物になる程度に広く捉えるには、これまでに記述してきたような純粋に統語論的なオートマトンには収まらないものへと話を移す必要がある。ひとつのやり方は、トークンをタイプに従って分類し、指定されたタイプのトークンを産出するという、最小限の意味における記号の読み書きという専門的能力の代わりに、もっと一般的な認識と産出の能力を考えるというものだ。つまり、読むことに対応するものとして、一般的には非記号的なものとなるさまざまな刺激（赤い事物が目に見える仕方でそこにある、など）に対して、場合に応じて異なる反応を示す能力があり、書くことに対応して、一般的には非記号的な種類のものとなるさまざまな振る舞い（北へ一マイル歩くなど）を産出する能力がある、とす

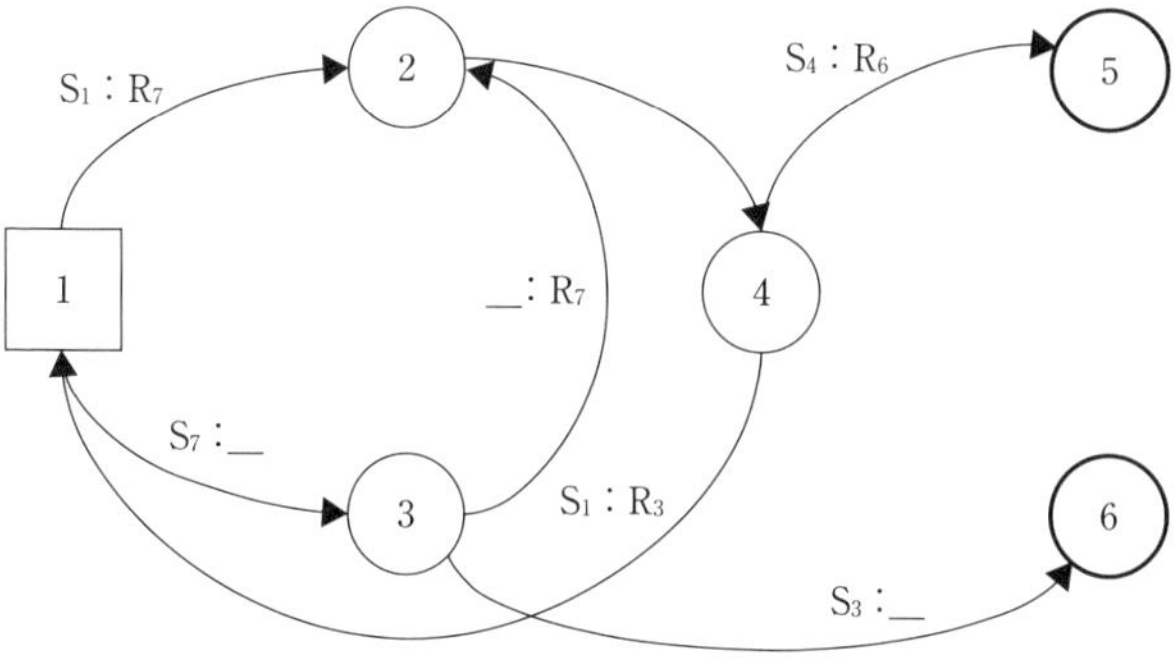

図6－9　有限状態トランスデューサ

るのだ。状況に応じて変わるこうした基本的な反応能力の集合からのアルゴリズムを用いた組み立てを実践において実装するのが、有限状態トランスデューサ（finite-state *transducing* automaton, FSTA）（そしてそれをもっと巧妙にした同様のオートマトンのプッシュダウン版）である。図6－9に示す。

　このFSTAのダイアグラムでは、それを受けて場合に応じて異なる反応を示すことになる刺激の初期集合と、場合に応じて産出しうる反応の初期集合とが与えられている。そしてダイアグラムが示しているのは、初期状態において種類1の刺激が提示されれば種類7の反応を産出して状態2へ移り、そうではなく種類7の刺激が提示されたなら反応は産出しないで状態3に移る、ということだ。こうしたオートマトンによるアルゴリズムを用いた組み立てのもととなる認識・振る舞いの能力は、その組み立て方に照らして「原始的」ないし「基本的」と考えられることになるが、だからといってそれらが絶対的な意味において「原始的」であったり「基本的」であったりするわけではない、ということに留意するのが肝要である。刺激－反応による定式化を施したからといって、会話相手から適当な距離を保つ能力や、ジョルジュ・ブラック（George Braque）によるキュビズム絵画をパブロ・ピカソ（Pablo Picasso）によるそれから見分ける能力、ニューヨークからサンフランシスコまで運転する能力、はたまた家を建てる能力を、「原始的」能力と考えてはならない、などということはないのだ。

ある実践／能力を他の実践／能力へとアルゴリズム的に分解しうるという考え方が翻って示唆するのは、人工知能（ＡＩ）機能主義という古典的プログラムを、語用論的に一般化する道筋である。このプログラムは二〇世紀のなかでは新参者ではあるが、私の考えでは、経験主義と自然主義に並んで、古典的な意味論的分析における第三のコア・プログラムとされるに値する。ＡＩ機能主義は従来の伝統において、知恵（sapience）という意味での知能が純粋に記号的な特徴を持つというコミットメントのもとへ、その身を委ねていた。だが純粋に統語論的な機関としてのオートマトンからトランスデューサの領域へと関心を広げたなら、オートマトン機能主義は、言説的な（つまりはボキャブラリーを用いるという）実践／能力をアルゴリズム的に分解することにきちんと関わるものとして見ることができる。人工知能に関する「語用論的」テーゼと私が呼ぶのは、自律的な言説実践（しようとすれば他の言語ゲームをプレイすることなくプレイできるような言語ゲーム）に携わる能力は、非言説的な能力へとアルゴリズム的に分解されうるという主張である。ここで「非言説的」能力とは、自律的な言説実践のいずれにも携わらない事物でも原理的に示しうるような能力のことである。（言説的能力をアルゴリズムを用いて組み立てるときの素材となる原始的能力について、こうした制約を設けない場合、何にも手をつけないアルゴリズム的分解（the null algorithmic decomposition）というのもまた分解ではあるのだから、問題の主張はトリビアルなものとなる。）私が取りあげているような会話／思考の能力とは、自律的なボキャブラリーを用いる能力である。だが古典的な記号的ＡＩの場合とは異なり、人工知能に関する語用論的テーゼでは、なんらかのトランスデューサが自律的な言説実践に携わる能力をアルゴリズムを用いて組み立てるために利用する実践的能力なるものは、記号を操作する能力のみから成っていなければならないのだなどと決めてかかったりはしないし、ましてや究極的には統語論的能力に尽きるのだなどと考えるのはもってのほかである[21]。

アルゴリズムを用いての実践の組み立てというモデルでＡＩを見たなら、しかじかであると知っているということを、どのようにするか知っているということによって説明するというプラグマティズムのプログラムの姿を、以前より正確に描くことができる。なんらかのボキャブラリーを用いて何かを言う、それによって自身が産出した振る舞いに志向的なボキャブラリーや意味論的なボキャブラリーを適用可能にする、そうしたことをしていることになるためには何をしなければならないのか、これを非志向的で非意味論的なボキャブラリーで特定しようというのである。とりわけこのモデルは、ＡＩ機能主義の基本的主張を読み替え、コンピューター言語がそれよりもはるかに表現力において強い自律的なボキャブラリー、すなわち自然言語に対する、語用論的メタ・ボキャブラリーになるのだという、語用論的表現ブートストラップを打ち出すような主張とみなす道を与える。この語用論版ＡＩ機能主義に賛成するにせよ反対するにせよ、その議論は記号的ＡＩの見込みに関する論争において相争うふたつの陣営に立ち並ぶ議論とは、当然ながらまるで異なる様相を呈する。

実践／能力のふたつの集まりの一方が他方からアルゴリズムを用いて組み立てられうるとき、この両者のあいだにはＰＰ十分性が成り立つのだが、この概念を、表現ブートストラップとなる語用論的メタ・ボキャブラリーという概念を以前に作り上げた際の出発点となっていた、二種類の基本意味－使用関係と組み合わせてみよう。つまりは、実践／能力の集合がボキャブラリーを用いるのにＰＶ十分であるという関係と、ボキャブラリーが実践／能力の集合を特定するのにＶＰ十分であるという関係、このふたつと組み合わせるのだ。そうすると、新しい種類の語用論媒介的意味関係を定義できるようになる。最後の具体例として、条件文を典型例とする論理的ボキャブラリーと、日常的であり、論理以外の事柄に関わり、経験的であるような、記述的ボキャブラリーとの関係について考えてみてほしい。およそ自律的な言説実践というからには、確言という語用論的意味合いを担う振る舞いと推論という語用論的意味合いを担う振る舞いとを必ず含まなければならないはずだ（その両者は分かちがたく結びついていると論じたいところだ）。何かしらのボキャブラリーを自律的に用いるのにＰＶ十分となるどんな実践にもこのＰＰ必要条件が置かれるのだが、実を言うと私はこれをＰＰ十分条件でもあるものとして扱うのが有効かもしれないと考えている。つまり、この条件こそ言説実践を他の実践から区別するものなのだ。とはいえここから先の内容は、そうした新たなコミットメントにはなんら依拠していない。言説実践に携わっていることになるためには、実践主体は実質推論[11]の良さを評価するという能力を、たとえそれが誤りうるものであったとしても、ともかくも行使しなければならない。これは要するに、実質推論を自分が受け入れるものと退けるものとに選り分ける能力である。これは、およそ何かを言うということをするためにするのでなければならないことの、一部となっている。とはいえ、認識や振る舞いに関するこうした能力を現在の目的に照らして原始的なものとみなした場合に、そうした能力をもとにして、条件文を使うという能力がいかにアルゴリズム的に組み立て

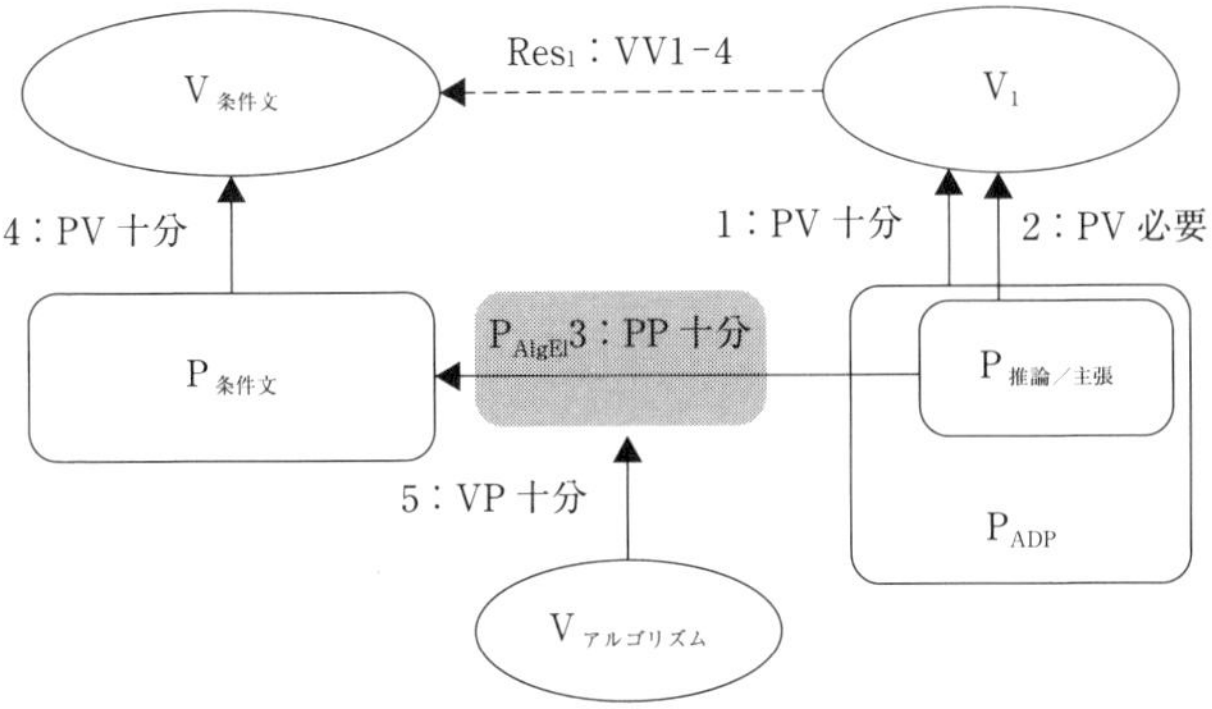

図6－10　条件文の組み立て

られるかを述べるのは容易だ。こうした語用論的な組み立てないしPP十分性関係を実践において実装するようなオートマトンに対し、それを特定するのにVP十分なアルゴリズムは以下のようになる。

3. pからqへの推論を受け入れるなら、条件文「もしpならばq」を確言せよ。
4. 条件文「もしpならばq」を確言するなら、pからqへの推論を是認せよ。

右の使用規則は、条件文の導入則と除去則を成文化したものとなっている。したがって条件文を使う能力は、確言をおこなう能力と推論を評価する能力とから、アルゴリズム的に組み立てられうる。これはPP十分性関係とPV十分性関係の合成であり、図6－10で示す形で意味－使用ダイアグラム(22)で表現される。

ダイアグラム上部の点線矢印が表す複雑な合的意味－使用関係もまた、語用論媒介的意味関係である。ふたつのボキャブラリーのあいだにこの関係が成り立つという主張を正当化するためには、基本意味‐使用関係についての副次的主張のどういった組み合わせを正当化しなければならないのか、このダイアグラムはそれを正確に表している。それゆえこのダイアグラムはそうした意味論的な関係に対する、ほかにはないような種類の意味‐使用分析を図示しているのである。

　実のところ、この場合に成り立っているまた別の基本意味‐使用関係を書き加えて、この例についてさらに考えてみると、ボキャブラリー同士のあいだのさらにはっきりと描き出された語用論媒介的意味関係を定義することができる。というのも、条件文が上述のアルゴリズムによって特定される通りに、適用のための実践的状況と適用からの実践的帰結とを伴って用いられるとき、それによって実践主体は、それなしにはせいぜいすることしかできなかったはずの何かを言うことができるようになるのである。要するに実践主体が実質推論を是認したり退けたりするときに陰伏的にしていることを、主張可能な形式、それゆえ命題的な内容という形式において、条件文は明示的に表現するのである。これはＶＰ十分性関係だ。条件文によって、推論を実質的に良いとか悪いとかと受け取る／扱うという実践を特定することができるのである。条件文とそれによって明示的にされる実践／能力とのあいだのこうした明示化（*explicating*）関係を付け加えたなら、自律的に用いられうるあらゆるボキャブラリーに対して条件文が持つさらなる語用論媒介的意味関係が得られる。この意味‐使用ダイアグラムを図６‐11で示す。

　条件文を用いるという実践的能力（要するに条件文の使用にＰＶ十分な何か）は、あらゆる自律的な言説実践（autonomous discursive practice, ADP）にとってＰＰ必要な実践から組み立てることもでき、

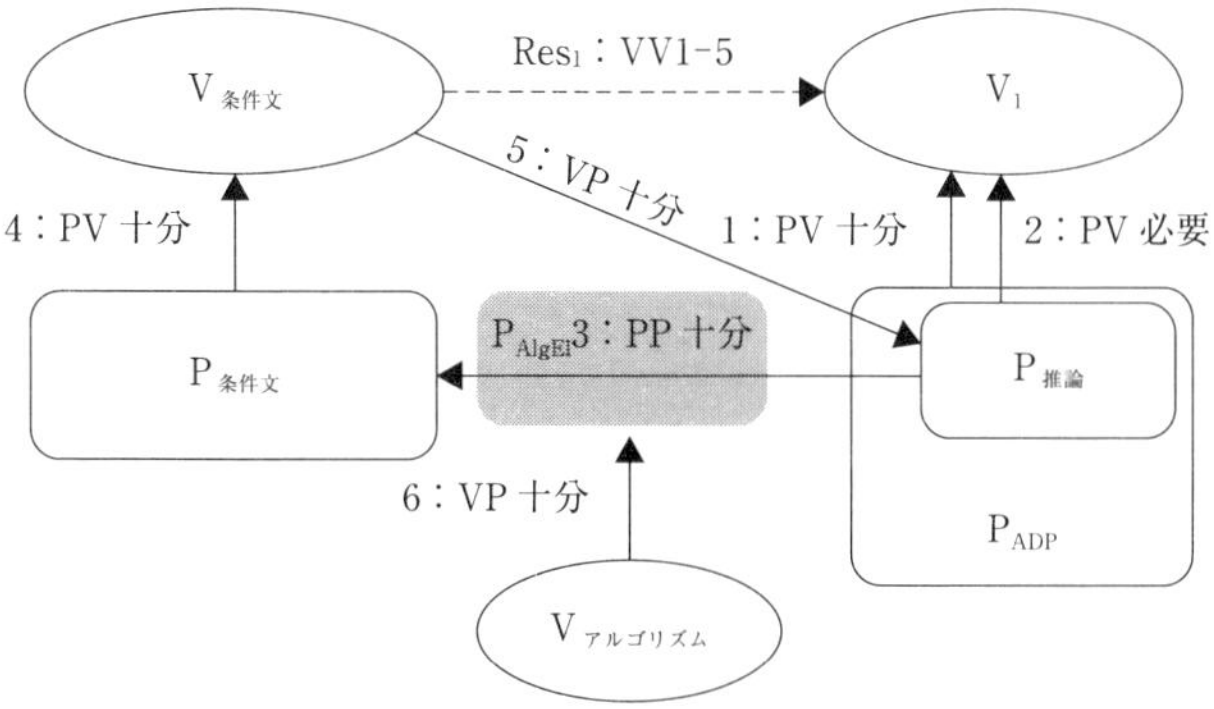

図 6－11　被組成－明示化(LX)的な条件文

しかもそうした実践を（それにとってＶＰ十分となるという意味で）明示化するものでもある。あらゆる自律的ボキャブラリー（autonomous vocabulary, AV）に対して被組成－明示化的（*elaborated-explicative*, LX）なのである。条件文を用いる能力はあらゆるＡＶにとってＬＸなのであり、それゆえあらゆるボキャブラリーにとってＬＸでもある（なぜならどのようなボキャブラリーの使用も、なんらかの自律的ボキャブラリーを使う能力を前提し、その意味でそれに寄生しているからである）。

私の信じるところでは、この複雑で合的な語用論媒介的意味関係は、論理的ボキャブラリー全般が果たす、ほかにはない意味論的な役割を理解するうえで重要である。ここで言う論理的ボキャブラリーには、条件文だけでなく、否定（主張を実質的に互いに両立不能なものと扱うという私たちの実践について、その中心的特徴を明示的にするもの）や様相ボキャブラリー（実質推論にさまざまな程度の反事実的な頑強性（robust-ness）を結びつけるという実践について、その中心的特徴を明示的にするもの）も含まれている。古典的で意味論的な哲学的分析のプロジェクトを最初に特徴づけた際に、そうしたプロジェクトでは論理的ボキャブラリーに特別な地位が与えられていると指摘した。このプロジェクトは、論理的ボキャブラリーを用いて、ボキャブラリー同士のあいだの意味論的な関係を明確に表そうという戦略が、正統なものであるということにコミットしているのだが、私が「意味論的論理主義」と呼んでいたのはこうしたコミットメントのことであり、これはまた、典型的には経験主義、自然主義、機能主義といったコア・プロジェクトとの兼ね合いのもとでの、このプロジェクトの目標ともなっている。そうしたコミットメントの証を立てる（要するに説明と正当化を同時におこなう）ための興味深い方法のひとつとして、論理的ボキャブラリーは、自律的に用いうるどのようなボキャブラリーに対しても、それから組み立てられ、かつそれを明示化するものとなっているという事実を持ち出すこともできるだろう。なぜならこの事実が意味しているのは、論理的ボキャブラリーを使用する能力は、この極めて明確かつ具体的な意味において、いかなるボキャブラリーを使用する能力にも陰伏していい、るということであり、しかもいかなるボキャブラリーの使用のうちにもすでにある何かを明示的にするという、表現的な機能を担っているということなのだから。

こうした立証がどのように進みそうかということについては、ここでこれ以上語りはせず、ひとつの私見を述べることで満足することにしよう。こうした方針に沿った説明に仮にも見るべきものがあるならば、伝統的な哲学的分析における関心が、種々のボキャブラリーが表現する意味同士のあいだの意味論的な関係に向けられていたのに対し、そうしたボキャブラリーが表現する意味と、そしてそのボキャブラリーがそうした意味を表現するということをもたらしめたその使用、この両者のあいだにある語用論的な関係にも気を回すことで、従来の関心の至らない点を補うというのは、古典的な分析プロジェクトを拡張しているというより、その中身を取り出すということなのであって、分析的な意味論プロジェクトのうちに実はずっと陰伏していたのだとあとになってみるとわかるような語用論的構造を、明示的にあらわにすることなのだ。というのも、論理主義的な意味論的分析がそもそも可能でありかつ正当であるのは、いくつかのボキャブラリーが語用論的に被組成的でありかつ明示化的であるような普遍的ボキャブラリーとなっているがゆえである、という結論が導かれるからだ。ここですでにこうした結論を導く資格を得るだけのことをした、と主張するつもりはない。私がしたのはただ、そうした資格を与えてくれるかもしれないちょっとした概念装置を導入したというだけだ。だがそれによって、プラグマティズムの伝統から得られる洞察を、哲学的な意味論的分析という古典的プロジェクトに壊滅的な批判を加えるためではなく、むしろ建設的な手助けを与えるために集積・発展させる、その筋道の素描は少なくとも与えることができ、またそうしたプロジェクトを見込みのある新しい方向へと拡張する道を開拓することができた、とは言ってもよいだろう。

注

（1） Oxford: Oxford University Press, 2008.

（2） この用法においては、フレーゲの『基本法則』（*Grundgesetze der Arithmetik*）やラッセルとホワイトヘッド（Alfred North Whitehead）の『プリンキピア』（*Principia Mathematica*）の特色をなす数学に関する論理主義は、数学ボキャブラリーと論理的ボキャブラリーの関係に関する意味論的論理主義となる。

（3） この議論はセラーズの古典的業績『経験論と心の哲学』〔浜野研三訳、岩波書店、二〇〇六年〕（*Empiricism and the Philosophy of Mind*. Cambridge, MA: Harvard University Press, 1997）のおおよそ前半を占めている。この著作はリチャード・ローティによる序文とロバート・ブランダムによる読解のための手引きを付して再版されている。現象主義版の経験主義に対する彼の批評は『理由の空間のなかで』（*In the Space of Reasons*. ed. Kevin Scharp and Robert Brandom, Cambridge, MA: Harvard University Press, 2007）の pp. 303-349 に収録された「現象主義」（"Phenomenalism"）に見出せる。

（4）（「経験主義のふたつのドグマ」（"Two Dogmas of Empiricism"）における）クワインの発言と比較せよ。「意味とは本質が事物から切り離され、語へと結びついたときに得る姿である。」私は右上と左下の「s」を使って、sスケア・クオートsを通常の引用から区別する。スケア・クオートに関して私が公にしている説では、これを命題的態度の事象様相的帰属（*de re* ascriptions）の概念上の逆とみなすが、この説については『明示化』（*Making It Explicit*）の pp. 545-547、および pp. 588-590 に見られる。

（5）ウィトゲンシュタインの論点に対するこうした捉え方は、『想像と計算』（*Phantasie und Kalkül*. Frankfurt: Suhrkamp, 1992）におけるハンス・ユリウス・シュナイダー（Hans Julius Schneider）の鋭い議論に依拠している。

（6）基礎的な記述的概念や科学的概念におけるこうした現象のメカニズムに関する忍耐強く詳細な調査、そしてそれがいろいろなところに見られるということを示す長大な論証は、マーク・ウィルソン（Mark Wilson）の刺激的で独創的な著作『意義のさすらい』（*Wandering Significance*, Oxford: Oxford University Press, 2006）に見られる。

（7）ヘーゲルのテクストと戯れる人々が、悟性のメタ概念的諸カテゴリーは理性のそれに置き換えられねばならないというヘーゲルの主張との親和性をここに見出したなら、ありがたいことだ。ヘーゲルは概念の発展が持つダイナミクスと、それが実践主体の持つあらゆる偶然的特徴に影響されうるということを認識しながら、そこからウィトゲンシュタインとは正反対の結論を引き出し、これがこうしたプロセスとそれによって形づくられる概念的内容とが持つ論理なのだ、と彼の主張するものを作り上げることへと身をささげた。これはヘーゲルが持つ哲学的野心の特徴をなしている。

（8）本章で述べているプロジェクトの目的に照らして、実践か能力かという選択肢のいずれをとるのかについては、慎重な中立を維持するようにしたい。私の導入している道具立ては、表現に関する内容付与的な使用なるものを社会の実践として理解するか、もしくは個人の能力として理解するかということに関して、いずれに肩入れするものでもない。

（9） もう少し正確に言うならば、当該のボキャブラリーで定式化可能ななんらかの理論（文の集合）が、それに含まれるすべての文がある会話参加者について真であるならば、それによってその者はすなわち関連する能力を行使したり、関連する実践に携わっていたりしているということになるという、そうしたものとなっている場合である。

（10）『問題の自然主義』（*Naturalism in Question*, ed. Mario de Caro & David Macarthur, Cambridge, MA: Harvard University Press, 2004）所収の「表象主義なき自然主義」（"Naturalism without Representationalism"）を参照のこと。プライスは自身の見解を「主体自然主義（subject naturalism）」と呼び、もっと伝統的な（そしてもっと形而上学的な）「客体自然主義（object naturalism）」と対立させる。これについては次章でさらに論じる。

（11） この論証については『大いなる死者たちの物語』（*Tales of the Mighty Dead*, Cambridge, MA: Harvard University Press, 2004）の最終章でもっと詳細に論じた。

（12） 計算言語学者はこうした意味でのボキャブラリーを気にかけており、そうしたボキャブラリーのうちでも重要なクラスを特定するためのメタ言語を発展させてきた。これは、のちに取りあげる事例における意味論的メタ言語の、統語論における類比物である。そこで例えばアルファベットが｛a, b｝であるときに、「a^nb^n」は有限個の「a」のあとに同じ数の「b」が続くようなすべての文字列から成るボキャブラリーを表し、「$a(ba)^*b$」は「a」から始まって末尾が「b」であり、それらのあいだに部分文字列「ba」が任意の回数だけ繰り返されるようなすべての文字列から成るボキャブラリーを表す。

（13） ここでは分析の一般性を狭める心配なしに、能力だけについて問題なく語ることができる。

（14） ボキャブラリー特定のための、先の注釈で言及したような統語論的メタ言語を用いると、これは$(ha|ho)^*!$というボキャブラリーである。

（15） すでにわかっている事実として、サンタの笑い声オートマトンを一例とする非決定性有限状態オートートマトンについては、それによって読み／書き可能などのようなボキャブラリーでも、なんらかの決定性有限状態オートマトンによって読み／書き可能である。M. O. Rabin and D. Scott, "Finite automata and their decision problems," *IBM Journal of Research and Development* 3, no. 2, 1959, pp. 115–125.

(16) 練習問題として、FSAの有向グラフによる描写の理解度を測るため、サンタの笑い声を産出するのと同じアルファベット上に定義され、以下の図に示すオートマトンが認識／産出するようなボキャブラリーが、いかなるものであるかを考えてみよ。

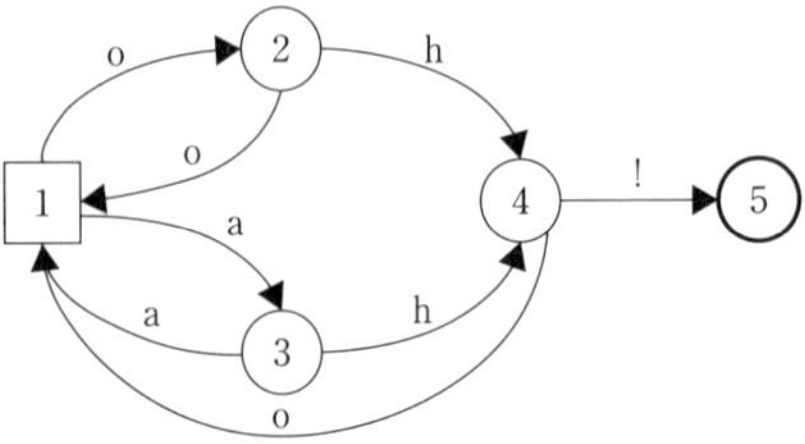

図　「あの子と同じのがほしいの」オートマトン

(17) FSAとは異なり、非決定性PDAで計算可能なボキャブラリーについては、同じボキャブラリーを読み書きする決定性PDAが必ず存在するとは限らない。

(18) Thomas Sudkamp, *Languages and Machines*. 2nd ed., Reading, MA: Addison-Wesley, 1997, chap. 10.

(19) 原理的には、ということだが。個別のコンピューター言語を現実に実装する仕方の詳細に目を向けると細々とした問題が出てきて、場合によってはもはや厳密には文脈自由でなくなることもある。

(20) こうしたメタ能力の特定にVP十分となるボキャブラリーにはさまざまなものがある。状態の遷移、記号の保存、記号の呼び出しといった能力を状況の違いに応じて引き出すものとしてそれを特定するというのは、さまざまなボキャブラリーのひとつでしかない。

(21) そのため、しばしば定式化されるような形でのフレーム問題は、語用論版のAI機能主義にはすぐには生じない。だが『言うことと為すことのあいだ』の第三章で掘り下げて論じたように、別の場所において同じ問題が改めて持ち上がる。

(22) PP必要性関係は一方の実践／能力集合を表す角丸長方形を、他方を表す角丸長方形の内側に描くこ

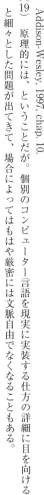

とで表される。

訳注

［1］　狭いプラグマティズムと広いプラグマティズムについては、第二章で詳しく論じられている。

［2］　「definite description」は哲学の文献においては伝統的に「確定記述」と訳されている。ただ、定性(finiteness)は、本来は英語の記述句ばかりでなく、例えば英語における冠詞にも見られる現象であり、「定冠詞」、「不定冠詞」といった用語との一貫性を示している「定記述」という訳語が採用される場合もある。

［3］　ブランダムは「elaborate」や「elaboration」という言葉を「基礎的なものから複雑なものを作り上げること」といった意味合いで用いる。特に本章でのちに登場するように、基礎的なボキャブラリーをパーツとして他のボキャブラリーの意味を与えるような表現を作り上げることや、基礎的な能力をもとにしてアルゴリズムを用いて他の能力を作り上げることを、この言葉によって表現している。この箇所で言われていることは、ターゲット・ボキャブラリーの表現の意味を、ベース・ボキャブラリーの表現と論理学における表現（量化記号や同一性記号など）とを組み合わせることで表そうとするということである。

［4］　この訳語については第二章訳注［4］を参照してほしい。

［5］　ここに付された注(4)では、事象様相的帰属という概念が登場している。これについて詳しくは第七章の訳注［15］、および訳注［16］を参照してほしい。

［6］　方法論的プラグマティズムと意味論的プラグマティズムの特徴づけ、および両者の比較については、第二章を参照してほしい。

［7］　圏論においてある圏のダイアグラムが可換であるというのは、その圏に含まれている任意の対象XとYに対し、XからYへの射がすべて等しいということである。次頁上のダイアグラムで言えば、$g \circ f = f' \circ g' = h$が成り立つときにこのダイアグラムは可換となる。

［8］　これは圏論における引き込みの定義とは異なっている。圏論においては、射fが左逆射gを持つ（す

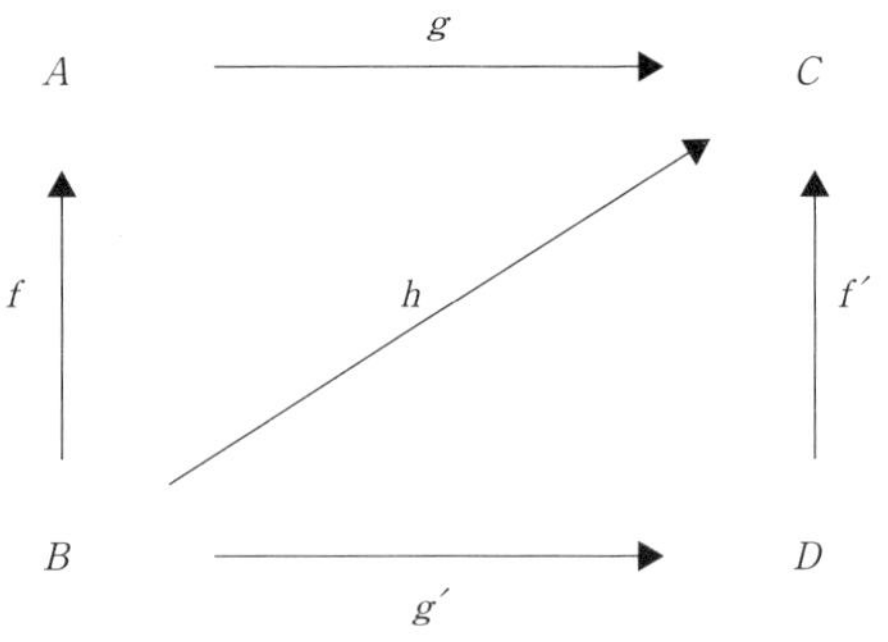

[7]

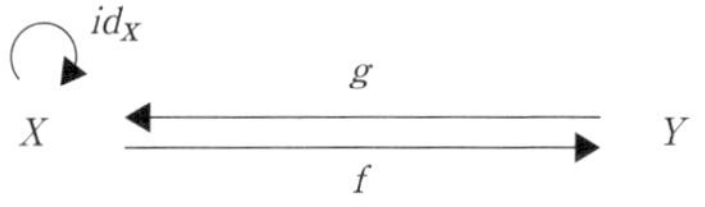

[8]

なわち f が X から Y への射であるとして、g は $g \circ f = id_X$ となる Y から X への射である）ときに g は f の引き込みであると言う。ただしここで id_X とは、圏 X 上の自己射である（上図参照）。

［9］「codify」という語をブランダムは主にボキャブラリーによって能力や実践に表現が与えられることを指して用いており、この際の「codify」は「成文化」と訳している。だがこの箇所ではオートマトンにおいて能力が「codify」されると言われており、これはボキャブラリーと能力や実践との関係を指す先の用法とは違い、ある能力があるオートマトンによって機械的に実行されるようになっているといった意味合いで用いられている。こちらについては「体系化」という異なる訳語を与えた。

［10］「条件分岐構造を持つアルゴリズム」は原著では「conditional branched schedule algorithm」であり、逐語的に訳すなら「条件分岐スケジュール・アルゴリズム」となるだろう。ただここでは「スケジュール」で単にアルゴリズムによる課題遂行の流れを指しているのだが、アルゴリズムの分野で「スケジュール」というと勤務スケジュールの作成といった事柄を想起させかねないため、誤解を避けてこのように訳すことにした。ブランダムの用語法は珍しいものだが、ホーグランドがアルゴリズムの分類として「branched schedule」という言葉を用いており、ブランダムもこれを参考にした可能性がある（John

Haugeland, *Artificial Intelligence: The Very Idea*, The MIT Press, Cambridge, 1985, p. 68)。

［11］　実質推論についての詳細は第三章訳注［8］にある。

第七章　プラグマティズム、表出主義、反表象主義

――ローカルな、そしてグローバルなあり方の可能性

リチャード・ローティの名著、『哲学と自然の鏡』（*Philosophy and the Mirror of Nature*）が世に出てからいまや三十年になる[1]。英語圏の哲学においてはこの間に多くの変化があった。私の見解では、『自然の鏡』は次のようなあるひとつの非常に有益な発展に大いに貢献した。それは、我々の現代的な関心を、少なくともカント以降続いている思想の流れの結果として理解するということ（これはローティの本の屋台骨をなしているねらいであったが、出版当時には馴染みのないもので、いけすかない、あるいは憂慮すべきものですらあるとして批判されることもあった）が、分析哲学の主流にいまや全面的に組み込まれているということである。しかしながらここで注目したい題材は、この本の〔こうした〕形式ではなくむしろ内容の核心的な側面に関わるものだ。ローティの診断によると、二〇世紀の哲学における病理の多くのものに共通する原因は、心と意味についての表象主義的（representational-ist）モデルであり、これは近現代に特有の形式としてはデカルト以降支配的となったものだが、それとわかる形式としてはプラトン以来のものである。ローティが大胆にも提案する治療法は、このモデルのあちらこちらを局所的《ローカル》にいじくり回してなんとかしようとすることをやめ、それをまるごと

全面的《グローバル》に拒絶することであった。彼が代案として支持するのは、ボキャブラリーの採用と発展を、何か問題が感じられたときにそれらにうまく対処するやり方として理解するような、デューイ的で、非表象主義的で、プラグマティスト的なモデルである。物議を醸したローティのもともとの進言から三十年たったいま、本章ではグローバルな反表象主義の現況を考察したい。ローティを背景とした比較対照というようなやり方で、現代においてグローバルな反表象主義の後継者となっているヒュー・プライスのプログラムを論じ、結論ではこの思想運動の三段階目、すなわちグローバルに反表象主義的であることなく反表象主義であるという立場へと向かう展望を考察する。

1 プライスの主体自然主義とグローバルな表出主義

ヒュー・プライスは、リチャード・ローティ、ヒラリー・パトナム以降の世代では、最も大胆で独創的なプラグマティズムの主張をする論者のひとりである。彼が近年発展させているふたつの特に興味深い考えが、主体自然主義（subject naturalism）とグローバルな表出主義（global expressivism）だ。(2)「主体自然主義」がその定義において対比されているところの語は、「客体自然主義（object naturalism）」であり、「自然主義」という語はたいてい後者の種類の自然主義と結びつけられている。客体自然主義は、ボキャブラリーあるいは言説実践についてある特定の種類の意味論的説明を志す。より詳しく言えば、表象的な説明を与えるのである。すなわち、ボキャブラリーがどのような対象そして性質について語っているのか、どのような種類の事実を述べ、表現しているのかということについて客体自然主義は述べるのだ。意味論についてのこの表象的な戦略は、客体自然主義の「客体」の部分を説明している。「自然主義」の部分はというと、存在論の特定、すなわち当該のボキャブラリーが表象しているのはどのような種類の事物であるのかということを特定するために部分的に使用されるような、意味論的メタボキャブラリーの問題である。つまり、意味論的メタボキャブラリーが自然主義的ボキャブラリーでなければならないのだ。自然主義的ボキャブラリーというのは、さまざまな種から構成される類であり、基礎物理学のボキャブラリーを少なくとも含み、あるいはまたいろいろな自然科学のボキャブラリーをも含み、さらに最も制約の緩い場合には観察そして理論ボキャブラリーの両者を入れた、基本レベルの経験的記述のボキャブラリーも含むだろう(3)。

主体自然主義は対照的に、これらのいずれかの意味で自然主義的であるボキャブラリーを使うものの、それを意味論的メタボキャブラリーとしてではなくて、私が第六章（および『言うことと為すことのあいだ』(*Between Saying and Doing*)）において「語用論的メタボキャブラリー」と呼んでいるものとして使用する。すなわち、対象のボキャブラリーを運用して言説実践をしている人々が何をしているのかとか、彼らがそのボキャブラリーを使用しているとみなされるために参与していなければならない実践だとか、行使できなければならない能力だとかといったことを記述するためにそれが使用されるのだ。そのボキャブラリーを使用することで言うことができることを言っているとみなされるにあたって必要な実践に参与するための必要十分条件を、お好みのボキャブラリーにおいて定式化する――そのボキャブラリーを使用することで言うことができることを他の言葉を使って言う（意味論的メタボキャブラリーの場合そうだったように）のではなく――というのが基本的な考えである。このような仕方で必要十分条件を定式化することは、ウィトゲンシュタインの『探究』に見出せる多くの同ジャンルの事例を通して我々にはお馴染みのものとなっているようなたぐいのストーリーを提示することだ。ボキャブラリーが、その語る対象が何であるにせよ、それについて事物がどうなっているかについて何を述べているのかだとか、世界をどのようなものとして記述、表象しているのか、などといったことについて思い悩む代わりに――このモデルは当該ボキャブラリーの使用に適合しているものなのかもしれないし、そうでないのかもしれない――そのボキャブラリーの使用がどのように教えられ、学ばれるのかを記述するのである。そういったことについてなんら不可解なことがなく、そのボキャブラリーを使用するためにしなければならないことをお好みの〔自然主義的〕語できちんと述べることができるならば、対象のボキャブラリーは自然主義的に受け入れ可能なものとみなされるべきだ、とプライスは主張する。ボキャブラリーが何を表象しているのか、ということについて何かしら述べることがあるかどうかは、〔そうした自然主義的受け入れ可能性にとっては〕関係のないことなのである。

ちょっとした架空の例として、指標詞や指示詞（indexical and demonstrative）といったボキャブラリーによって何が表象されているのかについて困惑している人を考えてみよう。非指標的な語によって表現されうる事実に加えて、指標的、指示的な事実というものがあるのだろうか。そういう事実がないのだとしたら、指標的語はなぜ非指標的語と自由に入れ替え可能ではないのだろうか。〔ペリーや〔デイヴィッド・〕ルイスによって指摘されたように、本質的指標詞（the essential indexical）という現象は、それらが入れ替え可能でないことを示している。〕もしそういった事実があるのだとしたら、それらの奇妙なものはいったい何なのか。(「ここ」、「今」、「これ」などを使用して我々が表現する指標的、指示的なたぐいの思考を、時空間的位置を持たない神的存在は抱けないのだろうかと思い悩んでいる神学者、といったものの自然主義的な枠組みにおける類比物を読者はここで想像されるかもしれない。)どんな非指標的な語の使用とも交換可能ではないことが明らかになっているものを含むような指標詞の正しい使用、というものを(少なくとも時空間的な位置を持つ普通の話者のために)特定するのに十分となるような規則、それが非指標的な語だけをもって定式化できるという事実[4]は、何か不気味で不可解なことが〔指標詞の使用にあたって〕起きているのではないかという懸念を払拭するのに十分であるはずだ。この種の考えが、「痛み」や「規則(rule)」といった語の使用についてウィトゲンシュタインがする話の背後にもあるように思われる。それらの実践自体が自然主義的観点から見てちゃんとしているのでありさえすれば、そういった実践に参与している人々がそれについて語っているところの事物を特定したり、彼らが世界をどのようなものであるとして表象しているかを特定したりすることに関する困難は、有意味性を理解するための唯一のモデルは表象主義的なものだと言い張るような、無理のある意味論パラダイムの信奉者だけがかかずらうべきものとなるのだ。

「グローバルな表出主義」がその定義において対比されているところの語は、特定のボキャブラリーについて主張される「ローカルな表出主義(local expressivism)」である。その主要な例のひとつは、アラン・ギバード(Allan Gibbard)やサイモン・ブラックバーン(Simon Blackburn)によって発展させられた道徳的評価語についての表出主義だ。この種のボキャブラリーを理解するのに最良の方法は、それを使用するときに人は何をしているのか、どういった主観的態度(subjective attitudes)

を表出しているのか、ということについて考察することであって、それが客観的世界をどのようなものとして表象、記述しているということになるのかについて考察することではないというのがここでの考えである。この方向性では、規範的ボキャブラリーについて本質的なのは、非難、承認、実践的コミットメントといった態度を表出するためにそれが使用されるということである。この特定のボキャブラリーの理解のためにはこの表出的な役割が核心となるのであり、それがさらに記述的、表象的役割をもまた持っているとたとえ考えられたとしても、それは核心ではない。なんらかのボキャブラリーについて表出主義的アプローチが推奨される理由の本質をなすのは、そのボキャブラリーの働きと、通常の経験的記述のボキャブラリーの働きとのあいだにあると強調されている対比である。しかし、プライスは表出主義的アプローチを急進化し、ありとあらゆるボキャブラリーの使用についてそれを採用することを考えてみたらどうかと言う。グローバルな表出主義は、客体自然主義から主体自然主義への移行を実施するひとつのやり方だろう。

グローバルな表出主義と主体自然主義に共通しているのは、表象主義（*representationalism*）の拒絶である。ここでは表象主義を、意味論における理論（semantic theory）で表象という概念に基礎的な説明上の役割や表現上の役割を果たさせることへのコミットメントとして理解している。これこそが、そうした見解の持つここで注目したい側面なのだ。さらにもう少し区別を設けることからまず始めさせてもらいたい。客体自然主義と主体自然主義とのあいだで問題となっているひとつの論点は、主体が言っていること、あるいは考えていることに関心があるのか、それともそれを言う、あるいは考えるにあたって、主体がしていることに関心があるのか、ということである。私の採りたい用語法では、これは意味論と語用論との区別、すなわち、発話やその他の心的出来事[1]（episode）の内容についての研究と、それらを産出、提示するにあたってなされている行為についての研究との区別である。プライスが「客体自然主義」と呼ぶものは、意味論的プロジェクトに携わっているのだが、そのことに加え、ある特有の形式の意味論にコミットしている。それはすなわち表象的意味論である。表象的意味論が志すのは、何が表象されているのか、すなわち何について（about）語られている、あるいは考えられているのかといったことを引き合いに出して、内容についての説明を与えるということだ。意味論的プロジェクトというものがこの形式を取らなければならない必然性はない。例えば、指示や表象に代わって、推論あるいは情報といったものを意味論における理論の中心概念とすることもできるだろう。最後に、客体自然主義は、ボキャブラリーが「自然主義的」だと適切にみなされうるさまざまな意味のひとつにおいて自然主義的であるような語に限定されたボキャブラリーをもって、表象的な意味論における理論を定式化するということにコミットしている。したがって私が理解するところでは、「客体自然主義」は原理的に独立な二つのコミットメントによって特徴づけられるプロジェクトである。すなわち、自然主義的で表象的な意味論だ。

主体自然主義を意味論ではなく何よりもまず語用論に関心を払うものとして理解することで強調したいのは、主体自然主義と客体自然主義は必ずしも両立不可能な企てではないということである。同時にふたつのプロジェクトを追求する人がいてもかまわない。すなわち、あるボキャブラリーの使用者が、そのボキャブラリーを使用するときにしていることを自然主義的ボキャブラリーで特定しつつ、彼らがそのボキャブラリーを使用するとき何について語っているのか、彼らが世界をどのようなものであるとして表象し記述しているのか、ということをまたある自然主義的ボキャブラリー（これはひょっとすると先述のボキャブラリーと同じものかもしれない）によって特定するような試みだ。もちろん、これらが単に互いに独立した企てとして理解されなければならないというわけではない。私が「方法論的プラグマティズム」[2]と呼んできた見解によれば、意味論的内容あるいは意味という概念を導入することの眼目（したがって、そこから結果として得られる理論が十全なものかどうかを判断する基準の源泉となるもの）は、その語用論的使用が持つ中心的性質を説明するか、少なくとも明文化するということにある。先述の、プライスが最初に設ける区別の動機となっている洞察は、なんらかの言説の語用論について自然主義的〔なボキャブラリーによる〕説明を与えれば、たとえ同じボキャブラリーで表現されうる表象的意味論がなかったとしても、自然主義的な良心の呵責にはきちんと答えたことになる――すなわち志向的現象を説明する際に自然主義的なボキャブラリーだけしか使用してはならない、という制約を動機づけるコミットメントに反することは何もおこなわれていないことになる――ということだ。そしてそれがまさに、道徳的、規範的ボキャブラリーの意義についてのローカルな表出主義的説明が与えようと志すところのものである。

自然主義の問題は脇に置いて、表象的意味論と広義の表出主義的語用論とのあいだに成立する関係のいくつかを考察してみたい。自然主義的ボキャブラリーそれら自体を使用することで言うことのできることすべてを言うためには何をすることができなければならないのか、ということについてさえ、それを特定するのに十分となるような自然主義的な語用論的メタボキャブラリーの展望可能性について、私は実際のところ懐疑的である。というのも、語用論研究の主要な対象は使用に関する適切な作法(*proprieties*)、すなわちさまざまな種類のボキャブラリーを正しく使用していることになるような仕方であるからだ。ただ語用論をこのように理解することそれ自体は、自然主義的な語用論的メタボキャブラリーの可能性を排除しない。というのも、それら使用の適切な作法がそれによって特定されるところの義務論的な規範的メタボキャブラリーに対して、語用論的なメタボキャブラリーを与えることができるかもしれないからだ。そういった適切な作法といったものを自然主義的メタボキャブラリーにおいて特定するアプローチで最も見込みがあるのは、私の知る限りではルース・ミリカンによる、淘汰という概念を用いた目的論的意味論(teleosemantics)である。(5) しかしながらこれは私がここで追求したい考え方ではない。

ある種のボキャブラリーに関してローカルな表出主義者となるという可能性について、プライスが有望だとみなしているひとつの点は、グローバルな意味論的表象主義を採用することは我々にとって必ずしも必要ではないということをそれが示しているというところにある。グローバルな意味論的表象主義とはすなわち、あらゆる真っ当なボキャブラリーにはそれについての表象主義的意味論が与えられうるのでなければならず、そうでないボキャブラリーは結局のところ真っ当なものではなかったということになるという見解である。なんらかのボキャブラリーについてローカルな表出主義がうまく説明を与えるとき、それが示しているのは、そのボキャブラリーについて表象的意味論を与えることとは確かに可能かもしれないものの、そうすることがそのボキャブラリーが真っ当なものであることを示すために必要なわけではないということだ。というのも、言語を使用してできることには他にも真っ当なものがあるのであり、表象し、記述するということの他にも言語には果たすことのできる表現機能[3]があるからである。これはウィルフリド・セラーズがその胸に大切なものとして抱いていたテーマだ。一九五九年の論文においてセラーズは、彼が「すべての言説を、記述することに同化するという傾向」と呼ぶものを主要なターゲットとして扱っている。彼はこの傾向が「経験主義的伝統における、さまざまな形態の『○○は××にすぎないのである主義』（情動主義、哲学的行動主義、現象主義）の蔓延を招いた[6]」主なものだと考えている。

> 「世界が記述されるのは記述的概念によってである」というトートロジーが、すべての非‐論理的概念のなす仕事は記述なのだ、という考えから解き放たれたならば、以下のような懐の大きい（*ungrudging*）見方への道が開けるだろう。経験主義者たちによって言説内の二級市民の地位に追いやられた多くの表現は、劣っているわけではなく、単に異なっている（not *inferior*, just *different*）だけなのだ[7]。

セラーズがここで拒絶しているのはグローバルな記述主義（*global descriptivism*）である。ところで、確かにすべての言説的な表象は記述であるのではない。指示詞や指標詞がその例である。しかしこの種の違いが彼の論点にとって重要なものではないということは、セラーズの議論から明らかだ。彼はきっと、すべての平叙文がなんらかの事態を表象するものとして理解されねばならないというわけではない、とも喜んで述べたであろう。特に、様相的主張は推論の規則を明示化する表現機能を持っていると彼はみなし、様相的主張は事物がどうであるかを述べていると称される記述的主張と同列に扱われるべきではない、ということがそれから含意されると彼は考えた。ここでのセラーズは、真理様相（alethic modal）ボキャブラリーについてのローカルな表出主義に基づいて、グローバルな意味論的表象主義を拒絶しているものとして理解されるべきである。この種のローカルな表出主義についてはのちほどさらに述べるつもりだ。

様相ボキャブラリーの事例についてこの時点でより詳細に見ることはせずに、プライスとセラーズが、それぞれ彼らの検討する異なった種類のローカルな表出主義から導き出した結論について、ふたつの所見を述べておきたい。第一に、〔ボキャブラリーが〕記述的あるいは表象的でないような表現役割を果たすということが、同時にまた表象的意味論をもってしてそれが取り扱われうる可能性を完全に排除するということは明らかではない。（現代的な道徳についての表出主義をより古い形式のものから区別するのは結局のところ、表出主義的な分析は、〔分析のターゲットとなる表現に〕記述的内容もまた同時に認めることを不可能にするわけではない、ということについて前者には何かしら言い分があり、よってフレーゲ＝ギーチ的な埋め込み問題による反論へ応答することができるということである。[8]）この推論を確保するためには、なんらかのさらなる付随的前提が必要である。第二に、もしそういった方法論上の補助仮説が与えられたと想定しても、個別のローカルな表出主義から結果するのは、よくてグローバルな意味論的表象主義への反論であって、グローバルな意味論的反表象主義（global semantic anti-representationalism）を支持する議論ではない。後者のものが、プライスが目指していると思われる帰結だ（彼以前にローティがそうしたように）。つまり、どのようなボキャブラリーの持つ内容も、基本レベルの経験的な記述のボキャブラリーが持つ内容でさえも、表象的な言葉をもって意味論的に理解されるべきではない〔という主張である〕。反グローバル表象主義（anti-global-representationalism）は、グローバルな反表象主義（global anti-representationalism）よりも弱い立場だ。プライス自身十分気づいているように、後者にはグローバルな表出主義（あるいはプラグマティズム）が必要であり、またそれに伴い、〔あるボキャブラリーに〕非表象主義的な表出主義的語用論を適用できるということから、〔そのボキャブラリーについての〕表象主義的意味論は手に入りえないということへの推論を確保するために求められる付随的コミットメントも必要となる。

2　ローティのグローバルな反表象主義

ずっと述べてきているように、グローバルな反表象主義に少なくとも真剣に取り合うという点において、プライスはもうひとりの偉大なネオプラグマティスト、リチャード・ローティと同じ陣営に加わる。三十年前、ローティは代表作『哲学と自然の鏡』(9)において、現代哲学の病理について驚くべき診断を下した。ローティによるとそれらの病理は、デカルト以来の近代哲学全体が作り上げられるうえで中心となったいくつかの思想を突き詰めた極致なのである。そして彼が提唱する治療法はというと、それは一層抜本的なものだ。治療法は、そういった思想を徹底的に拒絶し、より簡素で、より自然化、歴史化されたネオプラグマティズム的ボキャブラリーをもってして、なすべきことに取り組んでいく方法を見つけ出すことである。そのようなボキャブラリーは、ボキャブラリーの使用をある種の生き物の自然史に組み込まれるものとして捉え、そして〔環境への〕対処戦略であると同時に自己形成および自己変革の道具でもあるようなものとして捉える見方から生まれてくる。今我々は底無しの奈落に直面しているとローティは考えているのだが、そこへと続く避けられない道に我々をいざなった責任は、啓蒙主義哲学のふたつの主要な考えにあるという。それは表象と経験だ。いまやこれらの概念は壊滅的にひどい付随的コミットメントに汚染、感染されきっており、もはやもつれ合って解きほぐすことが不可能なほどであるとローティは考えた。それらの後継となるような、無害化され、きれいにされた概念を生み出そうとするプロジェクトに彼は望みを見出さなかったのである。そのような汚染されきった襤褸切れ[4]への唯一の安全な対処法は焼却処分のみであるとローティは考えた。

経験という概念は有害なお荷物（とりわけ、所与の神話[5]（the Myth of the Given））を背負い込みすぎていて、哲学における説明あるいは表現においてなんらかのちゃんとした役割を担わせようと試みるのにも値せず、もはや拒絶されるべきである、と考える点で私はおおむね自分の師〔ローティ〕の考えを踏襲している。「経験」は私が使う単語ではない。これは本当に文字通りそうであり、『明示化』（*Making It Explicit*）というたくさんの単語の詰まった本にもこの単語は登場しない。しかしながら、表象という概念を、ローティによるとそれと不可避的に結びついてしまっているお荷物や帰結から解き放ち、回復させることがなぜ必要であるのか、そしてそれがどのようにして可能なのか、ということを示そうと試みる点で私はローティと袂を分かつものである。奈落の縁に対して、それが人目につかないよう〔縁から離れたところに〕柵を建てておくのが分別の求めるところだと考えたローティに対し、柵をもっと瀬戸際まで近づけたとしても破滅を回避するのには十分だと私は主張したのだ。ジョン・マクダウェルはその専門知識が遺憾なく発揮された著書『心と世界』（*Mind and World*）において、ローティの指摘した危険性を認知する一方で、彼によって信用ならないものとみなされた啓蒙主義のふたつの主要概念〔経験と表象〕を両者とも
に復旧させることを支持している[10]。マクダウェルが明示している主要な関心は、私がローティにならって回避しようとする経験という概念にこそある。彼は一般に、柵は建てられる必要はないし、過激なプラグマティスト的措置も取られる必要はないと考えている。シロイワヤギのごとき自信と無頓着さをもって、確かな足取りで断崖の縁に踊るやり方を彼は示してくれている。確かに、深淵からのセイレーンの歌声のような誘惑に彼が陥落してしまっているとは思わない。実際のところ、彼は所与の神話へとは陥っていない。しかしそれでも私はこのように言っておきたい。「良い子は自分でこんなことしようとするんじゃないぞ。この男はプロなんだ。自分でやろうとしても泣く羽目になるだけだぞ」と。

さて、以上の素描はローティの修辞的な例を踏襲するものでもあり、「奈落」「汚染[6]」「破滅」など少々芝居がかった言葉を使いもした。しかし、グローバルな意味論的表象主義を拒絶するだけでなく、グローバルな反表象主義を推奨することへとローティを至らしめたその問題とは、正確に言っていったい何だったのだろうか。『自然の鏡』の文章からこの問いに対する端的な答えを取り出すのは、本来そうであるべきほどには容易でないかもしれない。この強烈な著書に対して〔出版当時〕なんとなくはっきりしない反応がなされたということは、読者はローティの主張していることや推奨していることはたいていよく理解することができたのだが、正確なところなぜ彼がそうしているのかを把握するのにはより苦労した、という事実によって部分的には説明できると思う。そして、古い故郷を焼き払い、新しい地平線を目掛けて進むべきだ、とローティにならってもし主張するのであれば、そのよ

うな思い切った反応を必要とするような危険、脅威が何なのかということについて、はっきり理解しておいた方がよいであろう。

意味論的表象主義の病理について下されるローティの診断は、ふたつの見出しのもとに大別されると思われる。命を脅かす症候群の特徴づけ、そしてそれら症候群についての病因学だ。ローティはふたつ目のものに比べると、ひとつ目のものについての方をより明示的にしている。中心となる困難としてローティが考えているのは、環境に対する我々の広く言って認知的そして志向的な関係を、事物がこれこれであると我々が表象しているということを軸として考える（心を「自然の鏡」として考える）と、彼の考えるところではさまざまな種類の認知的に特権化された表象へのコミットメントが必要となるということだ。それらのうち主要なものは、二〇世紀の分析哲学でとられた形式では、感覚経験において所与である（*given*）もの、そして認知的に透明な意味（*meanings*）である。この両者をともに種として含む類〔特権化された表象〕についてまずいのは、当該の特権性というものが、その本性において本質的に魔法のようなものとなってしまうということだ。こういった種類の表象は本性的あるいは内在的な認知的特権性を持つものと理解され、そうであるからしてそれら表象が単に生起することが、何かを知るあるいは理解することを含意するとされる。それらは自己告知的（self-intimating）な表象項（representings）なのである。すなわちそれら表象を持っているということが〔それだけで即座に〕何かを知っているということになるのだ。しかしながら、表現を使用するだとか、互いにあるいは世界と関わり合うだとかの実践という観点から、この種の内在的権威というものを現金化するようなやり方は存在しない。ローティは前世紀の中葉を、規範性についての社会的プラグマティズム（*social pragmatism about normativity*）の高まる機運が解き放たれた時期として捉えていた。それは、権威と責任、資格とコミットメントに関するすべてのことは、究極的には社会実践の問題であるという見解だ。後期ウィトゲンシュタインはこの観点を採用して、自身が経験すること、そして自身が意味することについて我々には自律的、内在的で不可謬の接近方法があるという考えを笑いものにした。より端的なものとして、「経験論と心の哲学」（Empiricism and the Philosophy of Mind）においてセラーズは、単になんらかの感覚的状態にあるということだけによって知られる事柄という考えに対して広義のプラグマティズム的な批判を与えたし、またクワインは自分自身の〔言葉の〕意味を単に把握することによって知られる事柄という考えに対して同じことをおこなった[11]。（ローティは、クワインが信用ならないものであると示した分析性のひとつのバージョンをセラーズは手放さなかったように思われること、そして一方のクワインも感覚的所与というものへのコミットメントを続けたということを、この泥沼から完全に抜け出すことがどれだけ困難なことであるかを説得的に示す証拠と考えている[12]。そしてカルナップはもちろん両方の形式の所与性を受け入れていた。）

よって、ローティのひとつ目の主張は、以下のことを認識しなければならないということである。すなわち、実際に我々のおこなっている理由を与える実践でそれらが果たす役割とは独立に理解可能であるとされ、そうであるがゆえに魔法のようなものとなってしまう内在的な認識的特権性によって特徴づけられるような表象というものにコミットしていると気づいたとき、すでにわれわれは哲学的な行き詰まりへと追いやられてしまっていたのである、ということだ。これに対して彼が治療として推奨するのは、この種の認識的特権性という考えが不整合だということを暴き出すプラグマティズム的批判を、さらに急進化し押し広げることである。しかしながら我々はここで次のように問うこともできる。推奨されている外科的処置は、どうして表象という概念を完全に切除してしまうところまで押し広げられねばならないのか。言い換えれば、なぜ我々の理論的な応答はグローバルな反表象主義という形を取らねばならないのか。表象がこの種の問題含みな認識論的特権性によって特徴づけられるという考えを捨て去るだけではなぜだめなのか。ローティの答えは、表象的意味論は認識論的帰結を持つというものである。なんらかの表象が内在的に理解可能なのでなければ、すなわちそれらがただそこにあるということだけで〔すでに〕把握されていることになるのでなければ、世界に対する我々の認知的、志向的関係を表象によって理解することは、思考する者と思考されている事物とのあいだに認識論的な媒介者（すなわち、一群の表象）を差し込むことになってしまう。このようにして、表象は心と世界とのあいだに隔たりを開く。意味論的表象主義はその結果として我々を認識論的懐疑論の格好の餌食にし、そして懐疑論は〔認識論的〕基礎を特権化された表象へと求めるのだ。感覚的所与と認知的に透明な意味とは、それぞれ推論の前提と、推論〔というプロセス〕それ自体とについての、基礎づけ主義的な無限遡行ストッパーなのである。だからこそセラーズとクワインの両者は合わせて、認識論的な基礎づけ主義への包括的なプラグマティズム的論駁に先鞭をつけたものとして理解されるべきなのだ。ローティの結論は、知識や意味というものを、例えばデカルトやカントがそうせよと教えたように表象という概念によって意味論的に理解するところから始めると、その行き着くところは認識論的懐疑論か、もしくは維持不可能な認識論的基礎づけ主義という受け入れがたい二択となる、というものだ。これこそが、ローティが行き詰まりから抜け出す道筋として、プラグマティズム的でグローバルな反表象主義という形式を好ましいものと考えた理由なのである。

私の印象では、意味や内容といった意味論的概念に主な関心を持つ哲学者の多くはこういった考え方によって心を動かされることはなく、その理由は彼らが次のような反応をする傾向にあるということにある。「認識論的懐疑論という『脅威』とやらについてはまったく心配していない。自然の環境に対して適応し、また常にそれと因果的にやりとりしあう自然的生物、という常識的また科学的な人間観を当たり前のものとして私は前提しており、そう考えれば、欺く神や水槽の中の脳といった懐疑論のありえない疑念は議論に値しないものとなる。そういった伝統的な、究極的にはデカルト的な認識論的困惑にどう原理的に応答できるかということについての懸念は、意味論的説明における原始概念として私がどのようなものを選ぶかということに制約を課さないし、課すべきでもない。」この応答は確かに一理ある。しかしながら、広い意味で認識論的な問題というものが、より狭い意味論的な問題からきれいに切り離されることができるかということは明らかではない。例えば、様相についての二次元意味論において（問題含みな）感覚的所与というものが復活していることは、この考えを発展させる複数のやり方のいくつかのものがたまたま持っている特徴ではなく、このプログラムそれ自体に本質的なものではないかと思う[13]。そしてマクダウェルが『心と世界』において説得的に論じたところでは、所与の神話に与してしまうことは、次のような（認識論の文脈だけではなく、意味論の文脈においてさえ）まったく正当な要求に対しての、理解可能ではあるものの最終的には維持不可能な応答なのである。その要求とはつまり、我々がそれについて語り考えるところの世界というものは、我々の語りと思考とに因果的な制約だけではなく、合理的な制約を課すものとして理解可能でなければならない、というものだ。彼の考えるところでは、そうでなければ経験的内容を持つ判断という考えそのものが行方知らずとなってしまうのである。

私見では、広い意味での認識論における懸念と狭い意味での意味論における懸念とがこのように解きほぐすことができず結びつきあっている、ということの深い理由は、ローティの見解に活力をもたらし動かしている、とある洞察にある。『哲学と自然の鏡』においてローティは、懐疑論か基礎づけ主義かという二択が意味論的表象主義にどう関係しているのかという点に比べるとその洞察についてそれほど明示的に述べていないのだが、しかしそれでもなおそうした洞察はそこに息づいていると私は思っている。感覚的所与性、論理的あるいは意味論的な所与性（すなわち分析性）へのコミットメントという形で意味論的かつ認識論的な基礎づけ主義へと表象主義者を突き動かしている力は、次のような問いに関する懸念から究極的には生じている（というのがその洞察だ）。それは、表象を表象として理解するとはどのようなことなのか、表象内容を把握するとはどのようなことなのか、実践においてなんらかのものを表象として捉え、扱っているとみなされる、すなわちそれ自身を超え出て、まさに志向性に特徴的な仕方で何かを指し示しているものとしてそれを捉え、扱っているとみなされるためには何をする必要があるのか、という問いである。この問いへの適切な答えがあるという可能性だけが、表象する者と表象されている世界とのあいだに差し挟まれたヴェールという意味合いが表象へと付与されてしまうことを防いでくれる。（レベッカ・ウェスト（Rebecca West）は世界の「複製物」などがなぜ欲しいのだろうかと、修辞的に問うている。「世界にあるものだけでなぜ十分じゃないんだい？」）認識論的に特権化された表象（「所与」）という考えは、この問いに対するひとつの答えにはなっているものの、しかし欠陥のあるものに相当する。意味論的表象主義に万一成功の見込みがあるとしても、それは表象主義がこの問いに与えうる他の答えの成功の見込みと、同じ程度でしかありえないのである(14)。

意味論的推論主義が表象主義に対して持つ主な強みのひとつは、まさにそれがこの問いに対する答えをもたらしうることだと思われる。〔推論主義において〕概念的内容の把握は、実践的な方法知(practical know-how)の一種であり、それはすなわち推論役割の習得である。つまり、前提あるいは結論においてその概念が不可欠な役割を果たすような実質推論(material inferences)(つまり内容に依存した推論)のうち、悪いものから良いものを区別することができることだ。典型的には、そういった習得は不完全で、可謬的である。しかし、ある概念を適用することでほかに何についてコミットメントあるいは資格を持つことになるのか、そして何がその概念を適用することへのコミットメントあるいは資格を与えるのか、といったことを知っている限りにおいて、主体はその概念を把握しているとみなされる(15)。表象的な意味内容を把握するということがいったい何に存するのかという問いに対して、これと同じくらい単純で自然な答えはないように思われる。これは実践においてなんらかのものを表象として捉え、扱っているとみなされるには何をすることができなければならないのかという問いなのである。すなわち、それが持つ(特有の意味での)正しさの評価にあたっては、表象項に表象されているものとして理解されうるもの——特有の規範的役割を権威として果たすというまさにそのことによって表象されているものとして理解されうるそういったもの——が、どのようになっているか、ということに対してきちんと応答していなければならない、そのようなものとして〔表象項となるものを〕捉え、扱っているとみなされるには、何をすることができなければならないのかという問いだ。私はそのような〔以上の問いに対する自然な〕答えが〔表象的なモデルでは〕作り上げられえないと主張しているわけではなく、ただ単に、同じようにすぐ手の届くところにある答えが表象的なモデルには伴わないと主張しているだけである。[16]

こうした問いを掲げることの背後に潜む基本的考えは、意味と理解とはそのいずれも、それぞれ他方を含む話の一部としてでなければ適切に理解あるいは解明されえないという意味で対をなす概念である、というものだ。意味とは何よりもまず主体が理解するところのものであり、意味についての語りなるものは、意味を把握する、あるいは理解するとはどのようなことかということについての語りと分断されてしまっては無益なのである。マイケル・ダメット、ドナルド・デイヴィドソン、クリスピン・ライト（Crispin Wright）らは、意味についての思想の中心にこの原理をおいた言語哲学者だ。もしこれを受け入れるならば、意味論は広い意味での認識的問題と分離不可能な仕方で結びつくことになる。ここで広い意味で使われた「認識的」とは、単に（命題知としての）知識だけではなく、（方法知としての）理解のことも指している。もちろん、この見解は普遍的に受け入れられたものではない。とりわけ、ジェリー・フォーダー（Jerry Fodor）は、この〔広い〕意味で認識的な問題と、本来の意味で意味論的である関心との混ぜ合わせを、現代の心の哲学、言語哲学における大悪だとみなしている。この点をここで議論するつもりはない。ただ論争があるということを記しておいて、ローティによる表象主義の拒絶（もっと言うと、グローバルな反表象主義の擁護）の根本には、〔意味論的問題と認識論的問題は互いに絡み合っているという〕「もつれテーゼ（entanglement thesis）」とでも呼べるものの承認があるということを主張したい。私の見解では、これは意味論と語用論とのあいだの関係性についてのテーゼである。すなわち、意味あるいは内容についての理論と、そしてその意味を伴って概念を適用しているとみなされるために、またその内容を表現するボキャブラリーを運用しているとみなされるために、する必要があることについての理論とのあいだの関係性についてのテーゼだ。これが正しい見通しであるならば、その限りにおいてこれは方法論的プラグマティズム、すなわち意味は理論的概念として考えられねばならず、それぞれの意味は使用の作法、つまりそれら意味を表現する人々の営みにおける適切な振る舞いを説明するため措定されると考えねばならないという見解から含意されるものである。

3　いくつかの悪い表象主義的主張

方法論的プラグマティズム、あるいはその帰結、つまり意味と理解という概念についてのもつれテーゼ(17)を承認するには、グローバルな反表象主義をも承認しなければならないのだろうか。後者を承認するとはつまり、受け入れることができる意味論的メタボキャブラリーにおいて、表象という概念は基礎的な説明的役割、それどころか基礎的な表現役割でさえも、果たしえないとすることである(18)。これは難しい問いだ。本章の結びの部分では、この問題がそれに沿って分岐していくような、ひょっとすると意外に感じられるかもしれないあるひとつの次元について述べる。しかし、まずここでやりたいのは、すぐ目につくところにあるふたつの見解を指摘しておくことだ。それらは意味論的表象主義がしばしば取るふたつの形式であり、まさにそれゆえに私が拒絶すべきと考えているものだ。

第一のものは、意味論的原子論（*semantic atomism*）である。これは、他のすべてのものから独立な仕方でそれぞれ個別にその意味論的内容が理解できるような心的出来事、状態、あるいは表現が、少なくともいくつかあるという考えだ。セラーズが感覚的所与を拒絶するにあたって、それを動機づけている主たる考えは意味論的なものだが、それは（反基礎づけ主義的な）認識論的帰結を持つ。感覚的所与という考えは、非推論的に何かを知ること（推論において〔知識であるゆえに〕適切な前提として使用されることができ、その推論の結論もまた、そうした推論のおかげもあって、何かを知ることとみなされる、という意味で）とみなすことのできる心的出来事が存在するというものだ。ここでその心的出来事が非推論的というのは、その心的出来事の生起に至る過程が推論的なものではない（そうではなく、とりわけそれは信頼可能な弁別的反応傾向性[7]の発揮の問題である）、という（問題のない）意味のみならず、内容を持った他の心的出来事への推論的関係とは独立に、当該の心的出来事は現にそれが持つ内容を持っている、という（問題含みな）意味においてもそうであるとされる。所与というイデオロギーは、内容を持った心的出来事のうちいくつかのものの生起がそれに先立ついかなる「学習（learning）」にも依存しないことを必要とする、とセラーズが言っているとき、学習ということで彼が意味しているのは他の概念の習得のことである。（所与についての論争におけるどちらの陣営にとっても、必要とされる信頼可能な弁別的反応傾向性を習得するためになんらかの訓練（training regimen）が必要となりうることを認めるのはどのみち問題となることではまったくないだろう。）言い換えれば、この論点は意味論的原子論の否定に基づいているのだ。この点を私が論ずるときにはたいていオウムを持ち出すのだが(19)、〔他の著作で〕繰り返し述べてきた論点にここで再び足を踏み入れるつもりはない[8]。ここではさしあたり、もつれテーゼにコミットしている人にとって意味論的原子論は維持するのが難しい立場だ、と言っておくことで十分だろう。意味は全体論的（holistic）なのである、なぜなら理解がそうであるのだから。

この考え方が正しいとするならば、原子論的表象主義は退けられるべきである。しかしながら、意味論的表象主義が原子論的な形式を取らなければならないという必然性はない（意味論的表象主義の経験主義寄りなバージョンは実際そうした傾向にあったものの）。デカルトは、ガリレオが時間を線分によって、加速度を面積によって幾何学的に取り扱ったのに感銘を受け、見かけ（appearance）と実在とのあいだの関係について、類似に訴える伝統的な理論に代わり、表象というより抽象的な概念による説明を与えようとした。このとき、デカルトがモデルとしたのは、代数方程式という言説的なものと、幾何学図形とのあいだに彼が発見した関係性である。「$x^2+y^2=1$」や「$x+y=1$」は、それらが表象する円や線分と類似してはいない。これらの方程式がそれらの図形を表象するのは、数々の方程式からなるシステム全体を、延長を持った数々の図形からなるシステム全体へと関係づける事実のおかげである。そういった事実のおかげで例えば、複数の図形間の交点の数を、それらに対応した連立方程式を解くことで計算することができる。表象を全体としての同型性によって捉えるこの独創的な表象理解は、本質的に全体論的なものである。

上記のものに関連する意味論的表象主義の有害な形式のふたつ目は、意味論的唯名論〔名前主義〕[9]（semantic *nominalism*）だ。名前とその担い手（名前がそれについての名前であるところのもの）、あるいは記号（シニフィアン（signifier））とシニフィエ（signified）とのあいだに成立する表示（designation）関係を意味論における模範例と捉え、そのモデルにあらゆる種類の表象するもの／表象されるもの関係を同化させて考える見解である。（フェルディナン・ド・ソシュール（Ferdinand de Saussure）の流れを汲む現代的な記号学、そして多くの構造主義、ポスト構造主義思想はこの形をとっている。デリダは多くの点でこの考えの支配を受けており、ソシュールによるシニフィアン／シニフィエモデルに対して彼の出す代替案も、シニフィアンが結局他のシニフィアンを表示するのだという考えとなるほどであった。）このアプローチが見逃しているのは、文は特別なものであるというカント＝フレーゲ的な教訓である。文は語用論的説明の順番において先立つものだ。というのも、諸表現を〔組み合わせて〕平叙文として使用すること、判断し、主張することが、そもそも何かを言説的な実践あるいは能力というものにするのだから。このカテゴリーに含まれるものこそが、知識主体がそれに対し責任を負えるものであり（カント）、それに対し語用論的力（典型的には確言の力（assertoric force））を付与できるものであり（フレーゲ）、言語ゲームにおける一手を指すのに使うことができるものである（ウィトゲンシュタイン）。フレーゲが説いたように、述語についての我々の理解は、単称名辞についての理解だけではなく、文についての理解からも導かれねばならない。よって、述語について表示的なモデルを用いることと、それを文にも用いるということとは、密接に結びついた展開なのである。方法論的プラグマティストであれば、文というカテゴリーを意味論的に基礎となるものとみなさなければならないが、それはまさにそれらが語用論的に先立つものだからという理由によるのだった。

広く行き渡った考えでは、表示という意味合いにおいて文が表象するのはある特別な種類のものとされる。それは、事態（states of affairs）だ。真なる文が表示するのは事実（*facts*）だが、事態のなかには単に可能的であるだけの事実もあって、それらは偽なる文によって表示される、というのがここでの考えである。このモデルは不可避的に、形而上学的な無節制へと至る。というのも、文の使用法には多くの異なるものがある（文を使ってできることには多くの異なるものがある）ために、文には多くの異なる種類のものが存在するからである。すると、論理的な事実と事態（否定的、条件的なものを含む）や、様相的な事実と事態、そして確率的なもの、規範的なもの、意味論的なもの、志向的なものなどなどについて、そしてそれらを表現するための対応したさまざまな性質といったものについて思い悩まなければならない必要性が遠からず生じてくる。さまざまな種類のローカルな表出主義にとって、その動機のひとつとなっているのは、まさにそういった無節制を避けるということだ。実際、ウィトゲンシュタインは『論考』において、論理的ボキャブラリーについてのローカルな反表象主義として考えられるものを採用したのだが、これはまさに彼の表象についての写像理論（picture theory）が許容しないような、論理的性質や関係といった種類のもの（否定や、条件文に対応するもの）を措定する必要性を回避するためであった。しかし、事態を諸対象の配置として扱う彼の組み立て玩具的《ティンカートイ》アプローチ[10]は、様相的な事実あるいは規範的な事実についての説明を与えないし、確率的な事実については名目上だけの実行不可能なアプローチしか与えず、また意味論的な事実や志向的な事実を原理的に表現不可能なものとして扱っている。そうすることでウィトゲンシュタインは、彼自身は実際に採らなかった道への門を開けたのである。すなわち、これら他の種類のボキャブラリーをも、非表象的で、ローカルな表出主義的仕方で取り扱うという道だ。というのも彼が示したのは、我々の意味論がその基礎において表象主義的であったとしても、それが意味論的唯名論という形式をとらなければならない必要性はない、ということだからである。（ジェリー・フォーダーによる意味論における「分割統治（divide and conquer）」的な方法論は同じ教訓に学んでいるものだ。）

表象主義は意味論的唯名論を招くが、含意するわけではない。しかしあらゆる表象主義的説明にとって、それが十全なものかを判断する基本的基準のひとつには、文や文の表現しているものをそれがどう取り扱うか、ということが含まれていなければならない。この要求はときに「命題の統一性（unity of the proposition）」という特有のものをどう特徴づけるかといった問題の形を取って姿を現す。これは推論主義的な意味論的アプローチが自動的に満たすことになるもうひとつの十全性の基準である（意味についての説明と対をなす理解というものについての説明を与えること、そして意味論的原子論を拒絶するということに加えて）。というのもこのアプローチによれば、命題的内容を持つということは推論において前提および結論両者の役割を適切に果たすことができるということにすぎず、そうした推論がその命題の内容を分節化するからである。

まとめよう。説明が少なくとも次の三つの条件を満たしている限り、上記の議論は意味論において表象的ボキャブラリーを不可欠なものとして使用することを不可能にはしない。第一に、表象を表象として理解する、把握することについての説明が与えられなければならない。すなわち、なんらかの被表象項に対する表象項としてそれらを受け取り、取り扱っているということになるために、する必要があることについての説明だ。そういったものは規範的な身分である。すなわち、主張の正しさを支配するような、ある特有の種類の権威を事物へと与えることであり、そうすることでそれらのものに対しての責任を我々自身に負わせることである。というのもそれが、主体が事物について語っているあるいは考えているとみなすことであるからだ。第二にその説明は、文の持つ内容が〔文以下の表現の持つ内容に対して〕語用論的に先立つものであるということと一致をみるものでなければならない。第三に、ある表現、状態あるいは心的出来事の意味論的内容が、主体のコミットしているかもしれないしそうでないかもしれないその他のものの意味論的内容と本質的に関係しているさまを、その説明はきちんと認めるものでなければならない。意味論的表象主義はこれらの洞察の拒絶を引き寄せまた促進するものの、しかし含意するわけではない。実際のところ、ローティが含意関係を主張したであろうと私は思わない。彼は一種の、連座でまとめて断罪してしまうような考えを取ることで満足していた。表象的意味論は有害な認識論的プロジェクトと固く結びついてしまっており、それらは前者を修復不可能に汚染しきってしまったほどである、とローティは考えたのだ。事実彼は、表象的意味論だけでなく意味論一般について、それは有害な認識論に仕える侍女であるとして、放逐することを推奨したのである。

4　表象的ボキャブラリーについてのローカルな表出主義[11]

意味論的表象主義というプロジェクトの本性について、そしてそれゆえそのプロジェクトの実行可能性について論じるということは、別の方向性からもできる。プライスは、あるボキャブラリーによって表現されている概念を適用するにあたって主体がしていることについての表出主義的な語用論的理論が、それらボキャブラリーの有する意味論的内容についての表象主義的説明の実現可能性と有用性に対し持ちうる関係性を指摘している。私は、論理的、様相的、規範的なボキャブラリーについての、ある手の込んだ表出主義を支持している。これは、例えばギバードやブラックバーンに見られるような、規範的ボキャブラリーについての現代的な表出主義的取り扱いを動機づけている考え方とは、まったく異なるものである。私が自分のバージョンを「手の込んだ」表出主義と呼ぶのは、古典的であり様相的な論理的ボキャブラリーと、規範的ボキャブラリーとの両者に共有されていると見られる表現役割は、さまざまな可能性から成り立っているとある構造を持った空間の内から選び出された、ひとつの可能な役割なのであるという事実を際立たせるためだ。その空間には、『言うことと為すことのあいだ』において私が同定し、また本書の第六章で繰り返したような、諸々の基本的な意味－使用関係（basic meaning-use relations）というものによって構造が与えられている。それら関係のなかで最も重要なのは、ある実践・能力からなる集合が、ある特定のボキャブラリーを運用することにとって十分であるという関係（PV十分性）、あるボキャブラリーが、ある特定の実践・能力からなる集合を特定するのに十分であるという関係（VP十分性）、そしてある実践・能力からなる集合が、ある他の実践・能力からなる集合を実装するのに十分である（例えば、アルゴリズム的に組み立てること、または教育によって身につけさせることによって）という関係（PP十分性）だ。そして次にさまざまな表現役割が、実践や他のボキャブラリーに対してそれらが立つ特定の語用論媒介的意味関係（pragmatically mediated semantic relations）によって決定されるのである。そのような複合的な意味－使用関係のなかで最も単純なのは、語用論的メタボキャブラリーになっているという関係である。これは、

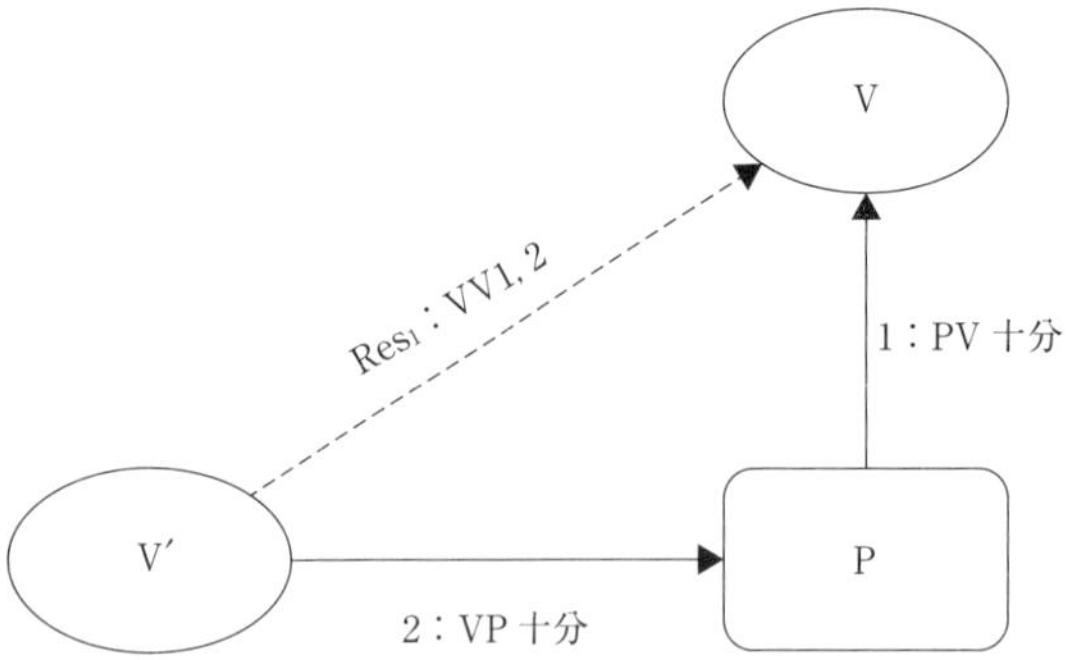

図7‐1　語用論的メタ・ボキャブラリー

あるボキャブラリーVについて、ボキャブラリーVを運用するのにＰＶ十分であるような実践・能力を特定するのにボキャブラリーV′がＶＰ十分であるというとき、V′がVに対して立つ関係だ。

　これは、論理的ボキャブラリーが果たしていると私が考える表現役割――すなわち論理的ボキャブラリーという種が様相的そして規範的ボキャブラリーという種と共有している類――ではない。複合的な意味‐使用関係は、それらの意味‐使用ダイアグラム（ＭＵＤ）によって調べられうる。語用論的メタボキャブラリーになっているということを示すダイアグラムは、図7‐1で表されており、これは単純な合成（composition）である。[20]

　論理的ボキャブラリーがその典型になっていると私が考えている意味‐使用関係は、あらゆる自律的な言説実践（autonomous discursive practice）の運用にＰＶ必要[12]であるような実践・能力から組み立てられ（elaborated）、そしてそれら実践・能力のなんらかの特徴を明示化する（explicating）という関係である。略記すれば、あらゆるＡＤＰにとってＬＸであるという関係だ[13]。このことは、あらゆる自律的な言説実践、すなわ

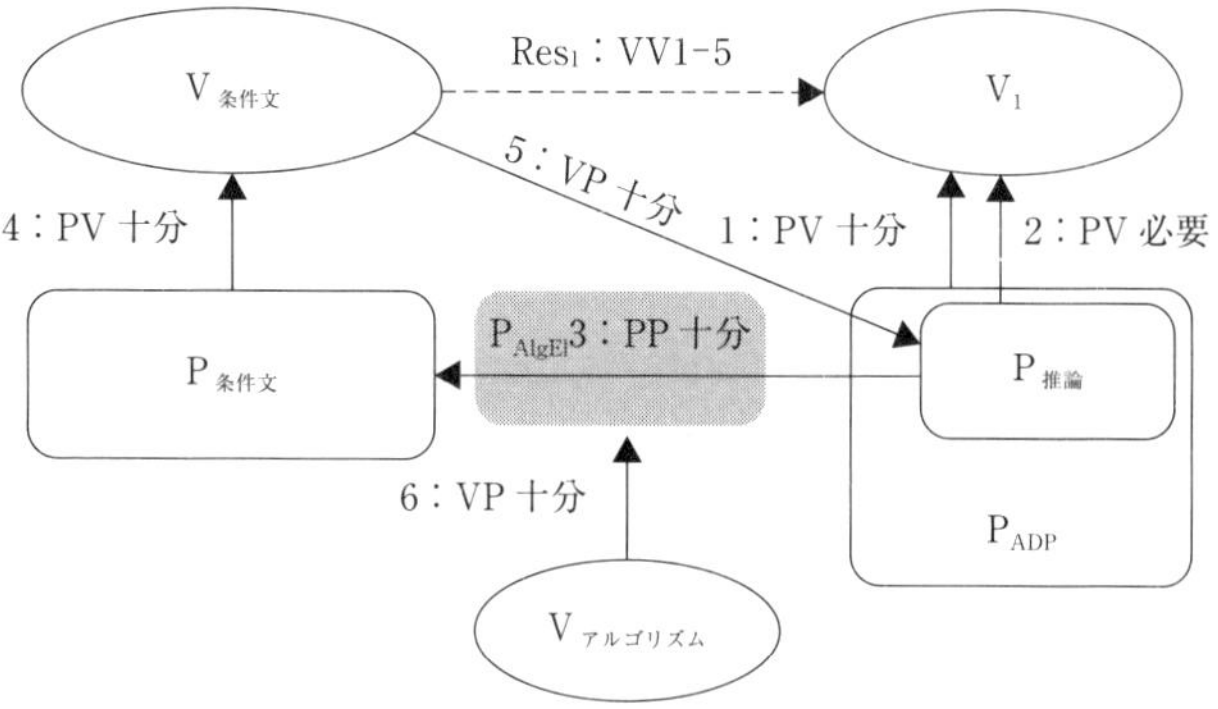

図7－2　被組成－明示化(LX)的な条件文

ち他の言語ゲームを何もすることなく実践できるような言語ゲーム(21)には、もともとの実践を特定するのに十分な表現力を持つボキャブラリーの導入に十分となる実践の集合がそれから組み立てられうるような実践・能力の集合が、必然的に見出されるということを意味している。そのため、ある自然言語を習得しているということによって、主体は次のような新しいボキャブラリーを運用するためにはどうしたらいいのかについて、知らなければならないことのすべてを原理的にはすでに知っているのである。そのボキャブラリーとは、それが導入される際にその基礎となる基本的な能力の集合を特定するのに、十分な表現力を持ったボキャブラリーである(22)。

図7－2に示されている、この複雑な意味－使用関係を表す意味－使用ダイアグラムは、より込み入ったものである。

これらのダイアグラムおよびそれらが図示する関係を完全に理解可能にするために必要なことをここで十分に述べることはできないし、また様相的なボキャブラリーと規範的なボキャブラリーが構造的に同一の表現役割を果たしていると考える理由にどういったものがあるかについて述べることはなおさらできない。再帰的に生成される、表現役割からなる無限のクラスの調査をこれまで夢にも思わなかった正確さをもって可能にする構造について、その雰囲気を伝えるのに十分な導入を前章の議論が与えていることを願うばかりである。さまざまなボキャブラリーについての私のローカルな表出主義は、そのような構造のうちに位置づけられたものなのだ[23]。

　論理的、様相的、規範的なボキャブラリーについて、それらをあらゆるADPについてのLXであるとして理解するこの種の表出主義は、本質的に、単に偶然的ではない仕方で、ローカルな表出主義である。すべてのボキャブラリーがこの特定の表現役割を果たすことはできない。自律的な言説実践は、他の表現役割を果たすボキャブラリーを含んでいなければならない。例えば、世界の非言語的な部分（それら自体はボキャブラリーの運用ではないもの）の特徴について報告する観察ボキャブラリーだ。よって、この種の表出主義は、グローバルな表出主義への拡張の候補にはならない。

　しかしながら、私がローカルな表出主義を採るボキャブラリーのうちのひとつには、表象的ボキャブラリーそれ自体がある。私はこのことによって、「真」「指示する（refers）」「表示する（denotes）」そしてそれに類する言葉といった、伝統的に使われるテクニカルな意味論的ボキャブラリーについてのデフレ主義を意味しているのではない。確かに実際のところ私はそれらの言葉遣いについてある特有の種類のデフレ主義を受け入れ、それらを照応的で代用形成的なオペレータ[14]（anaphoric proform-forming operator）として理解しているのではあるが[24]。細かい違いはあるものの、一般的に言ってこの見解はポール・ホーリッジ（Paul Horwich）のものと同じ種類に属する[25]。〔ともあれ、〕こうしたことよりもひょっとするとより根本的であるかもしれないようなことを、私はここで意図している。というのも、私は志向性それ自体の表象的次元についてもある種のデフレ主義者なのである。『言うことと為すことのあいだ』の最終章において、私は「語用論媒介的意味関係（pragmatically mediated semantic relation）」として志向性を捉える説明を与えた。そこで私は表象的ボキャブラリーを論じなかった。しかし、表象的ボキャブラリーの表現役割について私が他のところで与えた説明は、表出主義的で、デフレ主義的なものである。[26]（この点についてはセバスティアン・ネル（Sebastian Knell）の著書が非常に役に立つ。[27]）きちんと立証されねばならないことではあるものの――というのも『言うこと』で私はそれに取り組んでいないし、ここでもするつもりはないのだが――実際のところ典型的な表象的言葉遣い（「私がそれについて考えているところのもの（what I am thinking of）」に含まれる「ついて（of）」等）に割り振られている表現役割もまた、ＡＤＰにとって不可欠となるなんらかの特徴にとってＬＸであるのだ。

私が関心を抱いているボキャブラリーは、我々が語り、あるいは考えているところのもの（what we say or think）に加えて、我々がそれについて語り、あるいは考えているところのもの（what we are saying or thinking *about*）もある、といった考えを表現する、普通の、テクニカルではない自然言語のボキャブラリーである。私はこうした区別というものが、意味論においてさまざまな理論家に表象というテクニカルな概念を導入する動機づけを与えている現象であり、また彼らの研究主題が選び出されるもととなっている現象だと考える。彼ら理論家は、我々がそれについて話しているところのものについての我々の語り（our talk about what we are talking *about*）に前理論的な仕方で現れている言説の表象的次元について、統制された仕方で詳しく述べることを望んでいるのだ。志向的有向性

(intentional directedness)（思考と語りの表象的次元）を表現する「ついて（of, about）」を、「私のおばさんのペン（the pen of my aunt）」における「of」や、「この本は約五ポンドの重さだ（the book weighs about five pounds）」における「about」から区別するものは何だろうか。私の考えでは、それは命題的態度の事象様相的（*de re*）帰属における使用である。[15] つまり、このボキャブラリーがもともとの住処としている言語ゲームは、「ジョンはこの緑のネクタイについてそれが青だと信じている（John believes *of* the green tie that it is blue）」や、「マークが『日常言語』と言うとき、彼は古典力学の言語について語っている（考えている）（When Mark says 'ordinary language' he is talking (thinking) *about* the language of classical mechanics）」といった帰属言明なのだ。よって例えば、あるまったく知らない言語に思考および語りの表象的有向性を明示化するための言葉遣いがあるかどうか、そしてどの言葉遣いがそれであるのかを知りたい場合は、命題的態度の事象様相的帰属をするという語用論的意義および概念的内容を持つ表現を探すことから始めるべきなのだ。そうした帰属言明のうちで、言表様相的（*de dicto*）な部分から事象様相的な部分を区別する表現が（やや統制された英語の用法において、「ついて（of）」のスコープのなかに入るものを「ということ（that）」のなかに入るものから区別する表現が）、明示的に表象的なボキャブラリーということなのである。

　そうであるなら、言説の表象的な次元を理解するためには、命題的態度の事象様相的帰属言明によって明示化されているものが何であるかを理解しなければならない。[28] そのための方法は、事象様相的帰属言明を確言（assert）する際に主体がしていることに目をやることであると私は〔『明示化』などで〕論じた。そして語用論的、義務論的スコアキーピングという観点からは、命題的態度の帰属をするということにおいて主体はふたつのことをしているのだと論じた。中心となる事例において、主体はなんらかのコミットメントを、典型的には誰か他の人に帰述（*attributing*）している。対象の人がその態度を持っていると、明示的にそう言う（*saying that*）ことによってそれをおこなっているということが、そうでないときは実践において陰伏的でありうる態度の単純な帰述（attribution）から、態度の帰属（*ascription*）を区別するものである。[16] しかしながら、そうした帰属をおこなう際主体は確言するという意味において何かを言っているのだから、同時にみずからなんらかのコミットメントを引き受け（*undertaking*）あるいは承認（*acknowledging*）してもいるのである。これを受けて、態度帰属において運用されているボキャブラリーに含まれるものは、語用論的にふたつの任務を果たさねばならないことになる。それについての責任が〔誰かに〕帰属されているところの主張の特定と、それについての責任が〔帰属をする人によって〕引き受けられているところの主張の特定との、両者に貢献するということだ。そしてここでまた、〔誰かに〕帰属されているところの主張を表現するやり方の選択それ自体について、それについての責任は、帰属されているところの主張と合わせて〔対象となる人に〕帰属されているのか、あるいは帰属をおこなっている主張と合わせてその責任が〔帰属をしている人によって〕引き受けられているのか、という問いが生じる。「of」および「about」といった事象様相的オペレータのスコープのなかにいくつかの表現を隔離することは、帰属されている主張内容を特定するためにそれらの表現を使用していることの責任が、帰属されているところの主張と合わせて〔対象となる人に〕帰属されているのではなくて、帰属をおこなっている主張と合わせて〔帰属をしている人によって〕引き受けられていることを明示化する方法なのである。したがって、私が

「カントは、彼の忠実で辛抱強い召使いランプルについて、彼がカントに対する陰謀を企てていることを信じるに至った（Kant came to believe of his loyal and long-suffering servant Lampl that he was conspiring against Kant)」と言うときには、ランプルを「忠実で辛抱強い（loyal and long-suffering)」と特徴づけることについては私が責任を引き受けているのであり、カントに帰属している態度の一部として私が彼に帰述しているのではない、ということを明確にしているのだ。帰属文のなかにおいて事象様相的な部分のスコープを分離するのが表象的ボキャブラリーなわけだが、それによって果たされているのとは逆の語用論的機能を果たす意味論的な道具が、スケア・クォート（scare quotes）である。他人のコメントを取りあげて、私は「あの^{s}インスピレーションを与えてくれる国家的リーダー^{s}は自己中心的な悪徳政治家でしかない（That ^{s}inspiring national leader^{s} is nothing but a self-interested kleptocrat)」[17]というようなことを言うかもしれない。ここで私は、なされている主張についての責任を引き受ける一方で、その表現を使用することの責任を〔もとのコメントをした人に〕帰述しているのだ。

　表象的ボキャブラリーの意味論的内容を決定するこの語用論的な表現機能は、〔確言の力を持つものでかつ同定的（identificational）であるもの、すなわち置換－推論的（substitution-inferential）である〕コミットメントのうち、一方で帰述されているコミットメント、それに対し承認され引き受けられているコミットメント、これら両者のあいだにある社会的視点からの決定的区別を示すことだ。これは、世界がどうであるかを記述することとはまったく異なった役割である。このボキャブラリーは、誰が何にコミットメントを有しているかということを書き留めておく、社会的な記録ノートをきちんとつけるための一助となる。これは、経験的な記述のボキャブラリーを運用するために我々にできなければならないことだが、それにもかかわらずそういったボキャブラリーを使用して我々がすることからはまったく区別されるものだ。カントの中心的洞察とは、経験的記述の枠組みと呼びうるものは――つまり事物が経験的にどのようであるかを記述するという認知的で理論的な営みに参与することがその地平からのみ可能であるようなものとして必要となる、実践的背景を形成するコミットメント、実践、能力および手続きといったものは――事物がどうであるのかを（狭い意味において）記述する機能を果たさない、すなわち記述ではない語によって表現されうる要素を必然的に含む、というものである。客体の側としては、記述において適用されている概念同士を真理様相概念の使用によって関係づけることで法則についての言明として明示化されるものが、そこには含まれている。私の説明においては、自然言語において使われる我々の語りと思考の志向的有向性を明示化する表象的ボキャブラリーが類似の枠組み明示化機能を果たすのだが、それは事物がどうであるかについてのコミットメントを引き受けたり帰属したりする主体の側の要素についてのものである。

　よって私のローカルな表出主義は、言説の表象的な意味の次元を明示化するために我々が使用するボキャブラリー――まさに語用論的な表出主義的ボキャブラリーがそれとの対比によって導入されるところの意味論的ボキャブラリー――を（分析の対象として）含んでいるという点で、（他に類を見ないものではないにせよ）独特である。しかしながらこの私の説明には、表象の次元がいたるところに現れるということになるという帰結がある。あらゆるボキャブラリーは、帰述されまた承認されうるコミットメントの表現に使用されることができる。あらゆるボキャブラリーが事象様相的帰属言明のうちに現れうるのであり、したがってそれについて表象的ボキャブラリーをもって語られうる。（実際、事象様相的帰属のボキャブラリーそれ自体もそういった帰属を事象様相的に帰属することに使われうる。）よって表象的ボキャブラリーは、概念的内容なるものに不可欠でそれに遍在しているような、ある次元を明示化するのである。これは一種のグローバルな意味論的表象主義だが、それは表象的ボキャブラリーそれ自体についてのローカルな表出主義によって裏づけされているものだ。

思うに、私がしていることはプライスのI－表象（内的な意味（internal sense）における表象[18]）という概念の内実を埋めているだけだ。少なくともそのようなことを目的とするものとして、命題的態度の事象様相的帰属によって表現されているものについてのこの説明を与えたいと思っている。しかしまた、そう内実を埋めることの必要性がどれほど深刻なものであるかも強調しておきたい。というのも彼のデカルト講義が締めくくられた地点では、I－表象の概念は単なるプレースホルダーとなっている、すなわち実際に用立てることのできる概念を特定したというよりはむしろそういった概念への切望を示したものになっていると思うからだ[29]。私がこのように述べる理由は、I－表象という概念を「表象」の一種、あるいはそういった意味合いを持つ概念にしているのは何なのか、ということを問えば自然と明らかになるだろう。もしプライスが推奨するように、状態や言い回しが他の状態や言い回しに対して立つ関係へと水平方向に（horizontally）目をやり、他のものから成るシステムのうちでそれらが果たす機能的役割といったものにそれ〔I－表象を表象たらしめるもの〕を探し求めるのだとしたら、そして垂直方向へと（vertically）システムの外側にある何かに対するマッピングあるいはトラッキング関係にそれを探し求める代わりにそうするのだとしたら、ではそういった〔システムに内的な機能的〕役割の何が、それらの状態や言い回しを何かしらの意味における表象として扱うことの正当化を我々に与えるのであろうか。そういったもの同士が互いに立つ関係を推論的関係として考える権利を我々が得たとき、一線は越えられたのだ、という私自身の思想の核となっている考えをプライスは気に入っている。事実、そういったものが命題的内容を表現していると考える権利を、我々は（ここで初めて）得るのだと私は考えている。私にとってそういった内容とは、単純に推論において前提と結論の役割を果たすことができるものである。すなわち、理由として働くことができ、またそれを必要とすることができるものだ。しかしこの見解から結果するのは少なくともまずI－表現の概念であって、I－表象ではない。というのも、この意味において命題的内容を表現するということが、表象ということと何の関係があるのだろうか。ここでプライスは、額に汗して働くことによってのみ真っ当に保証されうるものを、単にターミノロジーの上でそうしたものがあると宣言することで手に入れようとしているかのように思われる。

確かに、この機能的、推論的意味においての命題的内容が引き入れられさえすれば、真理のデフレ主義的説明、すなわちホーリッジによるクワインの引用符解除的（disquotational）アプローチの巧妙な発展形か、あるいは表現面でもテクニカルな面でもより柔軟で強力であると私が考える、「真である（is true）」を代用文形成的なオペレータと捉え、「指示する（refers）」を代名詞形成的なオペレータと捉えるような、照応に訴える説明といったものを、タルスキ的T文〔の内実〕を保証するために使用することができるようになるだろう。しかしまたここでも問うが、こういった真理の概念は、表象と何の関係があるのだろうか。真理と表象とのあいだの伝統的つながりから理論が自由になっている様こそが、まさにこうした理論をデフレ主義的なものにしているところのものだろう。
プライスには確かに真理について実質的で重要な語用論的説明がある。社会的な不同意の可能性と、またそういった不同意を解消するための手続きとを携えて機能するものとしての、真理の説明だ。（ここで念頭に置いているのは彼の論文「有用な摩擦としての真理（Truth as Convenient Friction）」である[30]。）これは興味深く、見込みのある考え方である。しかしここでも、事物を「表象している」ということの意味をそういった考え方から特定し、また事物がそれぞれ互いにそして我々に対して有する関係について詳述するためには、まだなされるべきことがたくさんある。命題的態度の事象様相的帰属によって表現されているものが、推論的‐機能的な意味における命題的内容というものが作用しているところならどこにでも現れるのはなぜなのか、ということについてのストーリーの方向性を私はここで示した（そして他の場所では実際に語った）のであるが、それはプライスが「Ｉ‐表象」という朱書きのもとに発行した支払手形を現金化するひとつのやり方としてそうしたのである。

私が擁護しているのは、穏やかな（*soft*）グローバルな意味論的表象主義である。それは表象的ボキャブラリーの表現役割についての説明であり、それが示しているのは、概念的に内容を持っているということが有する極めて重要な次元を表現するため、表象的ボキャブラリーをいたるところで使うことができるようにしているその表現機能がまた同時に、少なくともいくつかの言説実践については、それらの意味論において基礎的な説明上の役割を果たしうる資格を、表象的ボキャブラリーから奪うということだ。というのも、表象的ボキャブラリーを特徴づける表現役割それ自体が（論理的、様相的、そして規範的なボキャブラリーと同じ様に）、表象的ボキャブラリーをそれ自体では利用しないような社会的、規範的、推論的な語用論的メタボキャブラリーにおいて完全に特定されうるからである。方法論的プラグマティズムという主張、すなわち言説的な表現、心的出来事、そして状態と結びつけられた意味論的性質を理論的に措定することの眼目はそれらの使用の特徴を説明あるいは少なくとも解明することだ、という主張へコミットしているという文脈においては、これは次のことを意味する。表象といった意味論的な原始概念（それ以上説明されない説明項）を持ち出すことは、少なくともこの場合、すなわち表象的ボキャブラリーそれ自体が問題とされる場合においては、不必要だということだ。これが、この見解が表象的ボキャブラリーについて説明という点ではデフレ主義的であり、しかし表現という点ではまったくデフレ主義的でない理由である。（ポール・ホーリッジはこの主張のひとつ目については私と同意見だが、ふたつ目について同意するかは定かでない。論文「指示なき実在（Reality without Reference）」におけるデイヴィドソンもこの陣営に入っていると考えられうる。彼はそこで［私が主張したいところでは］真理条件についての大まかに言って推論的な説明を与えており、真理条件が指示的／表象的な原始概念から生み出されうるということを否定している。またここでの指示的／表象的原子概念は一方で真理条件から計算されるもので、したがって原始的あるいは説明上基礎的なものとして機能しないものとなっている。[31]）

次の問いが残っている。この種の非表象的な語用論的メタボキャブラリーを与えることは、実際どの程度デフレ主義的なことなのか。確かにそれは、まさにデフレ主義的であるような見解の余地を与えるものだ。そういった見解によれば、語用論的なメタボキャブラリーによるこの種の説明が、問題となるボキャブラリーについて言うべきことのすべてである。つまり、それ以上の意味論的問いは問われてはならないし、答えられもしない。ローティとプライスはそのような見解に惹きつけられているのかもしれない。しかし非表象的な語用論的メタボキャブラリーを与えるということは、少なくともいくつかの場合においては従来の表象的な意味論的メタボキャブラリーもまた使用できるということを認めることと、両立可能であるようにも思われる[32]。つまり、次のように問うことができるのだ。表象的ボキャブラリーが表現するものについての、この種のデフレ主義的な、説明におけるローカルな反表象主義は、説明におけるグローバルな反表象主義を含意するのだろうか。私には含意するようには思われない。というのも、表象的ボキャブラリーそれ自体の使用を特定するために表象的ボキャブラリーの使用が必要なくとも（というのも非表象的で、社会的－規範的－推論的な語用論的メタボキャブラリーにおいてその表現的使用は完全に特定されるため[33]）、それでもなお通常の経験的記述のボキャブラリーの使用を支配している作法を特定するには、それが独自の表現機能を持つために、表象的な意味論的メタボキャブラリーの助けを借りた特定が必要となる、ということがありうるかもしれないからである。

ここまで私は言説的な表象的ボキャブラリーについてのみ語ってきた。しかし、これは表象的な意味論的メタボキャブラリーの唯一の候補ではない。それに加えて少なくとも三つ他の候補がある。マッピング関係（静的なもの）を表現するボキャブラリー、トラッキングの過程（動的なもの）を表現するボキャブラリー、そして目的を追求するシステムの持つ実践的な志向的有向性を表現するボキャブラリーである[34]。これら三種類の表象的ボキャブラリーのそれぞれを特徴づけている表現役割も、推論的な、それ自体は非表象的である語用論的メタボキャブラリーによって完全に明示化できると私は考えている。マッピングという意味において何かを表象として理解している（実践においてそう捉え、取り扱っている）ということは、マップについての事実からマップされているところの事実へと推論する能力を行使することである。トラッキングとは、マップについての推論を、マップされているところの事実の変化に合わせて、良いものであり続けるようにするという意味でのマップの更新である。何かを実践的な志向的システムとして捉え、取り扱うということは、実践的推論を標本としてその行動を理解するということである。ここでも、こういった種類の表象的ボキャブラリーに適当な非表象的な語用論的メタボキャブラリーがあるという可能性は、それらの〔表象的〕ボキャブラリーが何か他のボキャブラリー——経験的な記述的ボキャブラリーがそうだという可能性は十分にある——の意味論的メタボキャブラリーにおいて根本的な役割を果たすことを不可能にするとは思われないだろう。この論点をここで追求することはできないが、意味論的メタボキャブラリーとそれらについての語用論的メタボキャブラリーとの関係について、意味論的‐認識的なもつれテーゼは重要な手がかりを与えてくれるだろう。

5　結論

さて、何を結論とすべきだろうか。表象主義がその餌食となってしまっている諸悪を鑑みると、グローバルな反表象主義の採用は必須となるか、あるいは少なくとも推薦されるものである、ということについてローティとプライスは意見をひとつにしている。表象的ボキャブラリーを使用するということにおいて主体がしていることについての表出主義的でデフレ主義的、語用論的な、私が提案しているたぐいの説明は、そういった応答が過剰反応であることを示唆している。もっとバランスのとれた結論に向かうことを手助けしてくれるような分析上の材料をいくらか集め、並べてみることを本章で私は試みた。意味論的表象主義について、それは唯名論的あるいは原子論的な形式を取らなければならないとか、文というものが持つ特殊性を正しく認識できないとか、意味（meaning）についての意味論的（semantic）問題と〔意味の〕理解に関する認知的問題とのあいだの関係を断ち切ることを強制するのだ、などといった考えから抜け出すことが（そしてこういった連想や推論を強制する補助仮説から抜け出すことが）できさえすれば、表象的ボキャブラリーはあらゆる自律的な言説実践の分節化に必ず役立つものであり、意味論的内容の持つ言説的に表象的な次元というものの明示化にとって、重要で実際不可欠である表現役割を果たすものとして理解されうるのである。

さらに、異なる種類のボキャブラリーによって果たされる、まったく異なった表現役割を綿密に区別するということもまた可能である。（どのようにすればいいかは『言うこと』が明らかにしている。）よって、とあるボキャブラリーにある種類の意味論あるいは語用論を与える一方で、他のボキャブラリーには違う種類の意味論あるいは語用論を与えるということは不可能だ、といった論点に基づいた議論に、説得的なものあるいは維持可能なものは存在しないのだ。そういった区別をつければ、さまざまな種類の重要なボキャブラリー——それらのうちには論理的、様相的、規範的、また表象的なボキャブラリーがあるのだが——を特徴づける表現役割を、社会的、規範的、推論的、非表象的な語用論的メタボキャブラリーで完全に詳述することが可能であるとわかるのである。すると、方法論的プラグマティズムにコミットしているという文脈においては、表象的なボキャブラリーの使用を説明するために、意味論における理論の一部として表象的な説明的原始概念を措定する必要性はない（なぜなら、方法論的プラグマティズムによればボキャブラリーの使用を説明することが意味（meaning）といった意味論的（semantic）な理論的要素を措定する理由なのであるから）。そしてこのことが当てはまるボキャブラリーには、私の主張では、言説的な表象的ボキャブラリーが含まれる。よって、（言説的）表象という概念を使用するときに我々がしていることを理解するために、表象という概念（つまりI－表象、あるいはプライスがそれと対比するところのE－表象[19]という概念）を使用する必要はないのである。

また、通常の経験的記述のボキャブラリーは、論理的、様相的、規範的、あるいは表象的ボキャブラリーとはまったく異なる表現役割を果たしているわけだが、その使用についての最良の説明は（IまたはE）表象の言葉遣いで表現されている意味論に訴えることでは得られない、という結論は導出されないということもまた私は主張した（方法論的プラグマティズムおよび意味論的－認知的もつれテーゼへと付随的にコミットしているという文脈においてさえ）[35]。プライスは、すべてのローカルな表出主義が、表象的に扱われるべき言説あるいはボキャブラリーと、表出的に扱われるべきものとのあいだに、意味論において線を引くことへとコミットしている、という事実を重く見ている。思うに、そういった線がなんらかの原理に基づいた仕方で引けるという可能性について、彼は懐疑論に傾いている。この議論が通るとは私は思っていない。私の説明では、論理的、様相的、規範的ボキャブラリーはあらゆるＡＤＰにとってＬＸであるという特有の表現役割を果たしている。これ〔そうした表現役割を果たすということ）は基本レベルの記述的語彙については当てはまらない。ひょっとするとそういった基本レベルの記述的語彙は、（世界に）応答するマッピング、トラッキングによって客観的世界の特徴を表象しているものとして最もよく理解されうるかもしれないし、実践的に行為するという意味でそうだとさえ理解されうるのかもしれない。

もしそうだとしても、意味論において用いられている表象的ボキャブラリーの使用がそれ自体非表象的に捉えられうる、ということが何を意味するのかについてはまだ気を揉む必要がある。というのも、あるボキャブラリーに対してある種の語用論的メタボキャブラリーを与えられるという可能性が、そのボキャブラリーにどのような意味論的メタボキャブラリーが適用可能かということとどう関係しているのかについて、まだ我々は知らないからである。目下の問いは次のようなものだ。表象的ボキャブラリーにその表現役割を特定する社会的－規範的－推論的な語用論的メタボキャブラリーを与えられるという可能性は、説明において表象主義的であるような意味論をもまたそのボキャブラリーあるいはその他のボキャブラリーに与えられるという可能性について、何を述べているのだろうか。

まったく異なった表現役割を果たすさまざまなボキャブラリーをもってこの問いに答えられるほどには、我々は語用論的メタボキャブラリーと意味論的メタボキャブラリーとのあいだの関係について単にまだ十分な探求をしていない（なのでそれについて十分に知らない）、と結論づけたい。古典的なメタ倫理的表出主義に対するフレーゲ＝ギーチ的な埋込みからの反論を受けて、ブラックバーン、ギバード、そしてピーター・レイルトン（Peter Railton）らは、非記述的な表現役割と記述的内容との関係についての考えを、新たなレベルで洗練させることに先鞭をつけた。プライスは彼らの企てをも

っと大きな、よりグローバルな理論的舞台に置き、ボキャブラリーを使用するときに我々がしている
ことをそれによって特定するところの語用論的なメタボキャブラリーと、ボキャブラリーを使用して
いるときに我々が言っていることあるいは意味していることをそれによって特定するところの意味論
的メタボキャブラリーとのあいだの関係について、さまざまな問題を提起したのだ。本章での私の主
要な目標は以下のようなものであった。ローティの思想を新しい文脈において捉え直すことから結果
していると私の理解では考えられるところの現状を明確化すること。こういった論点についてのより
よい分析的明晰性を与えるに際して、表現役割と語用論的メタボキャブラリーに関する私自身の業績
がどう貢献できるかを示すこと。そして最後に、表現と表象とのあいだ、より一般には語用論と意味
論とのあいだの関係のうちにある、次なるレベルの微細構造を見定め探索しようと試みる将来の研究
において、我々が向き合うことになるだろう困難について述べることであった。

注

(1) リチャード・ローティ『哲学と自然の鏡』〔伊藤春樹・野家伸也・野家啓一・須藤訓任・柴田正良訳、産業図書、一九九三年〕(Richard Rorty, *Philosophy and the Mirror of Nature*. Princeton: Princeton University Press, 1981; Thirtieth Anniversary Edition, 2008) 以降この本を『自然の鏡』と記す。
(2) ここで念頭に置いているプライスの諸論文は、彼の論文集『鏡なき自然主義』(*Naturalism Without Mirrors*. Oxford: Oxford University Press, 2011) に見通しよくまとめられている。
(3) 指令的 (prescriptive) あるいはより広く規範的 (normative) であることと対照をなす意味において記述的であるボキャブラリー (ただし記述ということについて考える仕方はこれだけではないのだが) だけが観察において使用されうる、と単純に想定してはならないことに注意せよ。

(4)『言うことと為すことのあいだ』(*Between Saying and Doing*. Oxford, UK: Oxford University Press, 2008)の第二章への付録で示されているように。以降ではこの本をＢＳＤ〔あるいは『言うこと』〕と記す。

(5) 自然主義的な語用論的メタボキャブラリー、意味論的メタボキャブラリー界隈の話で争点となっていることは、下からの還元(*reductions from below*)を目指すことと、上からの還元(*reductions from above*)を目指すこと(これらはダニエル・デネット(Daniel Dennett)の便利なフレーズである)との区別と密接に結びついている。『明示化』(*Making It Explicit*. Cambridge, MA: Harvard University Press, 1994)の第一章で私は、規範的ボキャブラリーを社会的に分節化された態度と実践へと上から還元することではないものの、前者を後者によって上から解明(*explication*)することを志した。というのも私は、概念的内容を授与する(*confer*)規範的身分について、それら自体社会的に分節化された実践的規範的態度によって制定される(*instituted*)ものとして理解したいからである。これは余分なものを残した自然主義(residual naturalism)の一種だと、マクダウェル(John McDowell)やその他の論者は不満をあらわにしている。これについて私は次のように返答したい。まずこれこそがまさに第二の自然(second nature)についての自然主義なのであり、そしてまた私は単に、マクダウェルが述べる権利を保持したいと思っている事柄を実装する微細構造あるいはメカニズムについて語るということをしているだけなのだ。

(6) "Counterfactuals, Dispositions, and the Causal Modalities," in *Minnesota Studies in the Philosophy of Science*, vol. 2, ed. H. Feigl, M. Scriven, and G. Maxwell (Minneapolis, MN: University of Minnesota Press, 1957), §103. 以降ではＣＤＣＭと記す。

(7) CDCM, §79.

(8) 埋め込みからの反論については第三章第四節で論じた。

(9) Princeton, NJ: Princeton University Press, 1979.

(10) ジョン・マクダウェル『心と世界』〔神崎繁・河田健太郎・荒畑靖宏・村井忠康訳、勁草書房、二〇

一二年〕(Cambridge, MA: Harvard University Press, 1996)。

(11) リチャード・ローティによる序文とロバート・ブランダムによる読解のための手引きが付された『経験論と心の哲学』〔浜野研三訳、岩波書店、二〇〇六年〕(*Empiricism and the Philosophy of Mind*. Cambridge, MA: Harvard University Press, 1997) およびW・V・O・クワイン『論理的観点から――論理と哲学をめぐる九章』〔飯田隆訳、勁草書房、一九九二年〕(*From a Logical Point of View*, 2nd ed. Cambridge, MA: Harvard University Press, 1980) 三一～七〇頁(原著ではpp. 20-46)参照。

(12) この描像はセラーズに対して不公平だと私は思う。クワインに対してはそうでないと思うが。この話はマイケル・ウィリアムズ(Michael Williams)の『基礎なき信念』(*Groundless Belief*)(Princeton, NJ: Princeton University Press, 1997)によって他にない説得力と明確さをもって語られている。

(13) 典型例は、フランク・ジャクソン(Frank Jackson)の『形而上学から倫理へ――概念分析の擁護(*From Metaphysics to Ethics: A Defense of Conceptual Analysis*)』(Oxford, UK: Oxford University Press, 2000)である。

(14) これは、ヘーゲル『現象学』の序章の前半における議論と本質的には同じだと私は思うのだが、この話はまた他の機会を待たねばならない。この問いに対するカントとヘーゲルの答えだと私が思うものは『哲学における理性――生き生きとした諸思想』(*Reason in Philosophy: Animating Ideas*)(Cambridge, MA: Harvard University Press, 2009)の第一章と第三章で論じた。

(15) 内容の個別化において、あるいは内容を把握しているかどうかの査定において、なんらかの特権的な役割を果たすような真部分集合を諸々の実践的推論のうちから区別して取り出さねばならない(例えば世界がどうであるかについての偶然的事実ではなくて概念的内容によってその実質的な良さが保証されているような諸々の推論を区別して取り出さねばならない)という義務をそういったアプローチが負うのは、実質的でまたオプショナルである付随的な方法論上のコミットメントが存在するときだけである。実践においてにしろ、それを見ている理論家によってにしろ、同意および不同意(それゆえ、コミュニケーション)の査定は、二人の対話者が自分たちを同じ規範によって拘束しているかどうか(よって、同じ概念を適用しているかどうか）ということの査定によって保証されるのであり、そういった規範が何を必要とし何を許容するのかについて彼らがたとえ互いに異なった部分的で可謬的な理解を持っていたとしてもそうなのである。

(16) よって、例えば最も単純な段階にある表象については、マッピングやトラッキング、つまり表象を参照することで表象されている事物のなかをうまく進んでいったり、それらに対処したりする能力というものが、この問いに対してすぐ与えることができ、そしておそらくは正しい答えであろう。（マッピング、トラッキングという関係について私は、理論家であるところの我々がマップについての事実から地形についての事実へと推論することができるということをもって理解している。）実践的な志向的システム（目的を持っているものとして理解可能なシステム）については、表象を参照することによって達成される、表象されているものに関わる目的充足が類似の役割を果たす。ミリカンは、「複製族内における固有機能（Proper Function within a reproductive family）」という彼女にとっての中心概念となるものを使って洗練された応答をしている。

(17) 私はもつれテーゼを相互的意味依存についての主張（reciprocal sense-dependence claim）として考えている（『大いなる死者たちの物語』（*Tales of the Mighty Dead*）の第六章で定義した意味で）。（Cambridge, MA: Harvard University Press, 2002）以下ではこの本をTMD〔および『死者たち』〕と記す。そのような主張としてのもつれテーゼは、語用論と意味論とのあいだの非対称関係を主張する方法論的プラグマティズムがもつれテーゼを含意するという主張と、緊張関係にあるように思われる。それらを関係づける橋渡し原理あるいは補助仮説として私が考えているのは次のような主張である。一群の理論的概念が互いに推論的に関係づけられることによって、さらにすでに使用可能であるものとして考えられているなんらかの観察ボキャブラリーに推論的に関係づけられることによってボキャブラリーに導入されると、観察的な語彙（非推論的、報告的使用を持つ語彙）によって表現されている概念さえも、新しく導入された理論ボキャブラリーへの推論的関係によって部分的には分節化されうるようになる、という主張だ。

(18) のちほど、表象主義および反表象主義に関して、説明についてのバージョンと表現についてのバージヨンとを区別する。

(19) ジェレミー・ワンダラー（Jeremy Wanderer）の近刊『ロバート・ブランダム』（*Robert Brandom.* Montreal: McGill University Press, Acumen Press, 2008）の第一章では、全体のテーマに通底する例として、［オウムの例が］特に効果的な仕方で使用されている。

(20) このダイアグラムについての取り決めは以下のようなものであったことを思い出してほしい。

- ボキャブラリーは楕円で、実践・能力は（丸みを帯びた）長方形で表される。
- 基本的な意味‐使用関係は実線の矢印で示され、番号が振られ、そして関係の種類に応じてラベリングされる。
- 合成された結果としての意味‐使用関係は破線の矢印で示され、番号が振られ、関係の種類およびそれらがそこから合成されるところの基本的MURに応じてラベリングされる。

合成された結果としてのMURは、そのラベルに示されている基本的MURがすべて成立しているときに成立する関係だ、というのが基本的な考えである。

(21) 私の語法だと、言語ゲームであるためには、*Sprachspiel*であるためには、単に音声を使用しているだけではなくて言葉を使用している実践であるためには、次のような語用論的意義を付与された振る舞いがなければならない。それは、確言という意義を伴った発話であるところの、主張行為という語用論的意義を付与された振る舞いであり、またそれを受けて命題的内容を伴った平叙文の使用とみなされるようなものだ。ウィトゲンシュタインの言語ゲームは、この意味においては自律的な言説実践ではない。

(22) 私は論理的ボキャブラリーについての説明として、（とりわけ）いかなる通常の意味でもメタ言語的なものを与えてはいないということを、ついでに言及しておく価値があるかもしれない。というのも、第一にその説明には、論理的ボキャブラリーが適用される非論理的な表現に言及（*mentioning*）するということは含まれておらず、むしろそれらをある仕方で使用するということが含まれている。もちろん、マクダウェルが指摘するように、ある表現に言及するということはそれを使用するひとつの方法ではある。この点については「引用符と何かを言うこと」（"Quotation and Saying That," in *Meaning, Knowledge and*

Reality. Cambridge, MA: Harvard University Press, 2001, pp. 51-86）を参照せよ。私の説明に含まれている種類の使用が言及に相当する使用とはまったく異なっているということは、指標詞、指示詞、そして外国語の諸表現が例えば条件文のなかでどのように振る舞うかということから明らかである。もう一度言っておくと（今の論点に密接に関連する点だが）、論理的ボキャブラリーは対象言語から区別されたメタ言語へと制限されておらず、むしろ対象言語に付け加えられているのだ。こういった特徴を共有している間接話法を見ることで、この論点に接近することができるかもしれない。「もし*p*ならば*q*」は、「*q*であるということ（that-*q*）は*p*であるということ（that-*p*）から帰結する」というようなことを意味する、というのがすぐに言えることとしては最も近い考えかもしれない。しかしそういったモデルにはおしなべて膨大な注釈が必要となるだろう。

（23）論理的、様相的、規範的ボキャブラリーに特徴的な表現役割についてのこの見解は、ウィトゲンシュタインが『論考』において狭義の論理的ボキャブラリーについて採用したアプローチを発展、拡張、一般化するものであるとして考えている。というのも、そこで彼は、論理的事実からなる特定の領域なるものを論理的ではない事実に加えて認めるラッセルの論理的原子論を、必ずしも踏襲する必要がないということを看取しているからである。論理的ボキャブラリーは代わりに、論理的に原子的なボキャブラリーによって果たされている表象的な役割とはまったく別の表現役割を果たすものとして考えることができる。

（24）『明示化』の第五章、および『真理とは何か』（*What is Truth?* ed. Richard Schantz, Berlin: Hawthorne de Gruyter, 2002, pp. 103–119）に収録され、『デフレ的真理』（*Deflationary Truth*. ed. Bradley P. Armour-Garb and J. C. Beall, Peru, IL: Open Court, 2005, pp. 237–257）に再録された、「表現についての vs. 説明についての真理に関するデフレ主義」（"Expressive vs. Explanatory Deflationism about 'Truth'"）を参照。

（25）彼の著書『真理』（*Truth*. Oxford, UK: Oxford University Press, 1999, second edition）において。この見解は彼の著書『意味』（*Meaning*. Oxford, UK: Oxford University Press, 1999）および『真理、意味、そして実在』（*Truth, Meaning, and Reality*. Oxford, UK: Oxford University Press, 2010）にてさらに発

展させられ、表象的に理解されたものを含む、意味という考えへと拡張されている。

(26)『明示化』の第八章、『死者たち』の第三章、『推論主義序説』〔斎藤浩文訳、春秋社、二〇一六年〕(*Articulating Reasons*. Cambridge, MA: Harvard University Press, 2001) および「解釈学的実践と意味の理論」("Hermeneutic Practices and Theories of Meaning," *SATS—Nordic Journal of Philosophy 5, no. 1* (2004), pp. 5–26) において。

(27) *Propositionaler Gehalt und Diskursive Kontoführung: Eine Untersuchung zur Begründung der Sprachabhängigkeit intentionaler Zustände bei Brandom* (Berlin: Walter de Gruyter, 2004).

(28) 明らかではないかもしれないが、「真」「指示する」という古典的な意味論的ボキャブラリーが持つ特有の表現役割(置換‐推論的なもの)についての照応による説明は、次のような洞察を介せば、命題的態度の事象様相的帰属によって与えられる枠組みのなかに位置を占めるものとなる。それは(『明示化』で)私が「帰属構造における照応表現(ascription-structural anaphora)」と呼んだもの——典型的には「ジョンは緑のネクタイについて、それが青だと信じている(John believes *of* the green tie that it is blue)」における「それ(it)」——は、人と人のあいだで(*inter*personal)起きる(置換‐推論的)照応を介した内容受け渡しの、文の内部における(*intra*sentential)対応物であり、前者を成文化するものであるという洞察だ。このことが、「マッカーシー議員は共産党宣言の第一文について、それが真であることを信じていた(Senator McCarthy believed of the first sentence of the Communist Manifesto that *it was true*)」と述べることのできる理由である。この論点については『明示化』の第八章で詳細に論じている。

(29) Three Themes in Contemporary Pragmatism, René Descartes Lectures, Tilburg University, The Netherlands, 2008. Forthcoming.〔本書の出版後に、該当の著書は実際には次のようなタイトルで出版された。H. Price (ed.) *Expressivism, Pragmatism and Representationalism*, Cambridge: Cambridge University Press, 2013.〕

(30)『鏡なき自然主義』(*Naturalism without Mirrors*) に第八章として再録されている。

(31)『真理と解釈』(*Inquiries into Truth and Interpretation*. Oxford, UK: Oxford University Press, 2001)において。

(32) 次のことと比較してほしい。一群の単称名辞とそれらの指示対象とを導入するということがどういうことなのかを抽象化(abstraction)——すなわち先立って与えられているなんらかのボキャブラリー上の同値関係によって、この手続きと相対的に(より)具体的とみなされる対象を選び出すこと——によって理解するということは、そのようにして意味論的なアクセスを得ることができる対象を抽象的対象として理解することとはまったく別のことだ(この考えを正当化するには別の議論が必要である)。というのも、後者はそれに対する意味論的アクセスを、抽象化という過程によってのみ得ることができるような対象であるからだ。例えば、フレーゲがこの意味での抽象的対象というものを信じていたかどうかは、少なくとも明らかではない。

(33) ここで主張されている関係は、言説的な表象的ボキャブラリーと、それについての語用論的メタボキャブラリーとして機能する社会的-推論的ボキャブラリーとは、相互に指示-依存的(reference-dependent)だが意味-依存的(sense-dependent)ではない、という仕方で簡単に言い表すことはできない。この主張は、真ではあると思う(そして『明示化』第二部での説明上の戦略はそれに依存している)。しかし、語用論的メタボキャブラリーになっているという関係には、指示-依存的だが意味-依存的ではないといった、より一般的な関係についての話には含まれていないような特別な特徴が含まれているのである。こういった概念については『死者たち』の第六章で論じている。

(34)『言うこと』の第六章で説明しているように、基礎的プラグマティズムのコミットメントは、言説的志向性を実践的志向性によって説明するということにある。それゆえ『明示化』においては、言説的なスコアキーピングは非言語的生物によってすでに発揮されているような種類の実践的志向性がある特殊な構造をとったものとして理解でき、この構造はのちに言説的志向性を理解するのに使われることができるようなものである、という主張がなされた。よって、基礎的プラグマティズムともつれテーゼのあいだには相互に関わり合いがあるのだ。というのも、意味という概念と対をなすものとみなして後者が言及している理解という概念は、実践的なものだからである。つまりそれはある種の方法知、何かをする能力だ。そして、表象を表象として把握するということがそれに存するところの実践的理解がどういうものなのか、という問いへの答えは体系的なものになるということをきちんと認識すれば、意味論的原子論の拒絶が結論される。

(35) ここまで、さまざまな付随的な方法論上のコミットメントをおいて、そこからの結果について評価をしてきているわけだが、そういったコミットメントが何であるかについては明確にしておくよう努めてきた。付随的な方法論的コミットメントには、方法論的プラグマティズム、および意味論的‐認識論的なもつれテーゼ(そして比較的弱い補助仮説のもとで結果する意味についての全体論)が含まれている。ここでの応答には、「実質的に偽であるような付随的前提を使うことが許されているならば、こういった行きすぎた結論を導き出せることに疑いはない。しかしなぜそれが問題となるのか。」というものがあるかもしれない。しかしこの反応は性急すぎると思う。意味とは(表象のように)理論的な概念である。このことが意味するのは、「意味」ということで我々が何を意味しているかは、それと結びつけられうる付随的コミットメントや、それについて推論するにあたっての補助仮説によって、少なからず決定されるということである。そういったことは、ここで探求しているところの「意味」が意味しているものを決定する一助となるのだ。

訳注

[1] ここで「心的出来事」と訳出した「episode」には、例えば信念の生起や内語などといったものが含まれると思われる。本来「episode」は単に「出来事」として訳出されるべきではあるが、著者がこれを「発話」(utterance)と併置していることから、ここで主に念頭に置かれているのは内容を持った外的な発話に対置される内的な「思考」であると判断し、「心的出来事」と訳出した。「心的出来事」はやや不適当に意味を狭める訳語選択である可能性もあるが、ここでは可読性を優先して「エピソード」というカタカナ表記は避けることとした。

[2] ブランダムによる「方法論的プラグマティズム」の特徴づけについては本書第二章の議論を参照。

[3] 「表現機能」の原語は「expressive function」であり、これは本書で「表出主義」として訳出されている「expressivism」は同じ単語から派生するものである。日本語での慣例に従えば、「表出主義」は例えば道徳的語の使用は主観的態度の表出であるといったメタ倫理的立場等を通常指示するが、これに対して本章でも議論されているように、「表現機能」は主観的態度の表出にとどまらないより一般的な語用論的機能を指すことを意図されている。これを踏まえて、原語では同じ単語から派生しているふたつの表現に、本章ではそれぞれ「表出」と「表現」という異なる訳語を当てた。

[4] ここで「汚染されきった襤褸切れ」と訳出した表現は、原文では「leper's rags」である。原語の意味合いとしては「皮膚病患者の身にまとっていた衣服」だが、キリスト教を背景とした表現でありやや一般には馴染みがない表現であるのと、またやや問題含みな表現である可能性も考え、このように訳出した。

[5] 「所与の神話」とはセラーズが「経験論と心の哲学」およびその他の著作において批判の対象とした認識論における一定の考え方を指し、ローティはセラーズの批判を踏襲している。認識的「所与」ということによってセラーズ（そしてローティ）が正確に何を意味していたかには議論があるが、大まかに言えば、他のものを認識的に正当化するがそれ自体はいかなる認識論的正当化も必要としない認知的状態、あるいはそういった状態において認知されている対象（例えば論理的経験論におけるセンスデータなど）といったものを指す。より正確な特徴づけについては「経験論と心の哲学」を参照のこと。

[6] 原文では「leper」とされているところを「汚染」と訳出した。訳語選択については本章訳注[4]を参照。

[7] ここで「信頼可能な弁別的反応傾向性」と訳出されているのは、原語では「reliable differential responsive disposition」である。本書第三章の訳注[4]、また訳注を付した該当箇所の議論を参照。

[8] 「信頼可能な弁別的反応傾向性」の詳細については訳注[7]を参照。

[9] 「意味論的唯名論」と訳出されているところの「semantic nominalism」は、ここでのブランダムの議論から明らかなように、抽象的対象の存在論的身分についての実在論と対立するものとされる「唯名論」

とはやや異なる立場を指す。ここで議論されているのは、「名前」が表象する仕方をモデルとしてあらゆる表現についての理解を試みる、いわば（訳文中でも補足しているように）「名前主義」とも適切に呼ばれうるような立場である。

［10］ ここでの「組み立て玩具」は、原文では「tinker toy」という特定のブランドの玩具となっている。日本では馴染みのないブランド名であるためこのように訳出した。

［11］ この節の議論のテクニカルな部分を補完するものとしては、本書第六章の議論を参照。ブランダム自身も指示しているように、例えば『言うことと為すことのあいだ』ではより包括的な議論がなされている。またテクニカルタームや「成文化（codify）」「組み立て（elaborate）」といったやや特殊な語の訳語選択については、同章の訳注も参照のこと。

［12］ ここでブランダムは「PV必要」であると述べているが、ここでの内容を踏まえると「PP必要」の誤りであるように思われる。

［13］ 「あらゆるADPにとってLX」という関係についてのより詳細な説明は、本章訳注[11]にも述べたように第六章の議論を参照。

［14］ 表象的ボキャブラリーを「照応的で代用形成的なオペレータ（Anaphoric proform-forming operators）」として捉えるブランダムの理論の詳細については、本文中にも指示されているが、例えば『明示化』の第五章、特に第一部を参照。

［15］ 「事象様相」（*de re*）と「言表様相」（*de dicto*）との区別は、内包的文脈を生み出す表現（例えばここでも論じられているように、信念などの命題的態度を帰属する動詞）についての言語哲学・言語学的議論において、標準的に設けられる区別である。例えば、「スーパーマンは空を飛べるとボブは信じている（Bob believes that Superman can fly）」が真であるとする。このとき、「クラーク・ケントは空を飛べるとボブは信じている（Bob believes that Clark Kent can fly）」という文は、事象様相的に解釈された場合真であることが保証されるが、言表様相的に解釈されればそうではない。（ちなみに「スーパーマン」と「クラーク・ケント」は同一人物を指す。）直感的に区別を述べると、事象様相的に解釈した場合この

文は、「クラーク・ケントというその人物について、彼は空を飛べるとボブは信じている（Bob believes *of* Clark Kent that he can fly）」と言い換えることができる。ボブが「スーパーマン」と「クラーク・ケント」が同一人物を指示することを知っているかにかかわらず、これは想定されている状況で真である。一方、言表様相的に解釈するとこの文は、「『クラーク・ケントは空を飛べる』という言明についてそれが真であることにボブは同意するだろう」ことを含意することになる。両表現が同一人物を指すことをボブが知らない場合、これは偽となるだろう。

[16] 本文でも原語を併記して示したように、ブランダムは態度の「帰述（attribution）」と「帰属（ascription）」とをこの文脈では明確に区別している。後者は帰属言明を述べることで明示的になされるものであり、陰伏的でもありうる前者の特殊ケースとして考えられている。この区別を日本語で反映するにあたっては島村（2015）「推論主義の独自性と意義――意味理解と外在主義の観点から」（『科学哲学』48(2)：93-109）を参考にした。

[17] 「スケア・クォート」については第六章注(4)を参照。

[18] プライスによるI－表象とE－表象の区別については、プライス編『表出主義、プラグマティズム、表象主義』（*Expressivism, Pragmatism and Representationalism*, Cambridge: Cambridge University Press, 2013）の第二章、特に第五節の議論を参照。プライスによればI－表象は「内的な（internal）機能的役割」（p. 36）を持つものとしての表象概念であり、それはブランダムの推論主義にならって、言語ゲームのなかでの「推論（inferential）役割」をもって理解されるようなものであるとされる。その一方、E－表象は「環境をトラックする（environment-tracking）」（ibid.）役割を持つものとしての表象概念であり、「外的な（external）環境」（ibid.）要因との対応、一致という意味合いを付与されたものとされる。

[19] プライスのE－表象概念については本章の訳注[18]を参照。

訳者解説

上下巻から成る本書は、Robert Brandom, *Perspectives on Pragmatism: Classical, Recent, and Contemporary*（Harvard University Press, 2011）の全訳である。原著は一巻本であるが、訳稿の分量を鑑みて二分冊とした。とはいえ本書は、二〇〇〇年代に原著者が公刊したプラグマティズム論を集約した論文集という側面があり、各章を単独の論考として読むことができる。上巻下巻の順序にこだわらず、読みやすそうな章、興味を惹かれる章から自由に読み進めてほしい。

原著者のロバート・ブランダムは、二〇二〇年現在アメリカのピッツバーグ大学哲学特別教授（Distinguished Professor of Philosophy）であり、現代のネオプラグマティズムを牽引する中心的存在として世界的に認知されている。例えば、フランクフルト学派第二世代を代表する思想家ユルゲン・ハーバーマスは、ハンス＝ゲオルク・ガダマー、ジャック・デリダ、ジョン・ロールズといった極めて多彩な哲学思想の大家たちと論争を交わしてきたことでも知られるが、そんなハーバーマスがブランダムの著書『明示化』を評して次のように述べている。

ブランダムの『明示化』は、ロールズの『正義論』が七〇年代初期に実践哲学において画期的著作だったのと同じように、理論哲学における画期的著作である。(1)

このようにブランダムは、哲学界ではたいへん有名な人物であるが、本邦において彼の紹介はあまり進んでいない。本書以前のブランダムの単著の翻訳は、二〇一六年に出版された『推論主義序説』(斎藤浩文訳、春秋社)を数えるのみである。そのため、ブランダムとは何者なのか、そして彼が牽引しているというネオプラグマティズムとは一体何なのか、若干の説明が必要であろう。

一般に「ネオプラグマティズム」というと、リチャード・ローティの思想をさすことが多い。ローティは二〇世紀後半に英語圏哲学界で支配的であった分析哲学の手法に通暁した上で、一九七〇年代からそれを根底から揺るがす革命的な主張を展開した。その際に彼は、当時の学術界において分析哲学に株を奪われていた(と彼が見なす)プラグマティズムの復権を主張しており、それゆえにローティの思想はしばしばネオプラグマティズム(新プラグマティズム)と呼称される(自称もしている)。そして本書の原著者ブランダムは、ローティから一世代後のネオプラグマティストであり、ローティとは博士論文の執筆者と指導教員という関係であった。さらに彼は、ウィルフリド・セラーズの有名論文「経験論と心の哲学」に解説文を寄せており、同論文にはさらにローティの手による序文が付され、単行本として刊行されている。このように彼は、自身とローティ(そしてセラーズ)との思想上の結びつきの強さを事あるごとに明示している。また、ローティも、自身のネオプラグマティズムの向かう先はブランダムのそれに近いと表明している。(2)こうしたことを踏まえれば、ブランダムはローティ的なネオプラグマティズムの、まさに正統な継承者といえそうだ。

とはいえ、ローティの議論にしばしば見られるような分析哲学とプラグマティズムを対立的に捉える構図は、現代のブランダムと私たちを取り巻く哲学界において、さほど有効なものではなくなっている。まず、ローティ自身がアメリカのアカデミックな哲学界に早々に見切りをつけ、一九八二年からヴァージニア大学の人文学大学教授（University Professor of the Humanities）という特殊なポジションに就いたことからも象徴的にわかるように、ローティは哲学界内で自身のフォロワーを積極的に増やそうとしなかった。若い哲学研究者にとって、ローティのフォロワーであることはアカデミック・キャリア上のリスクになり得ると考えられることもあったようだ(3)。こうして、アメリカ哲学界の主流は依然として分析哲学であったし、今現在もそうであろう。こうした中でブランダムが打ち出したネオプラグマティズムは、ローティの思想を継承しつつも、分析哲学で扱われる諸問題に対してプラグマティズムの考え方を応用することによってより良い展望を開くという、いわば「ポスト分析哲学」の提案である(4)。つまり、分析哲学を否定するわけではなく、プラグマティズムを介することで分析哲学に新展開をもたらしているのだ。そうしてブランダムが提案する「分析プラグマティズム」の概要については、本書第六章で語られている。

ブランダムのネオプラグマティズムを理解するうえではさらに、ドイツ観念論、とりわけヘーゲル思想をどう引き受けているのかということが決定的に重要である。しかしこの点について、本書では、ほんのさわりの部分が語られるのみである。本書の姉妹編である『哲学における理性』ならびに二〇一九年に発刊されたばかりの長大なヘーゲル論『信頼の精神』の議論の本邦での紹介が待たれる、というのが正直なところだ。とはいえ、本書の序章では、プラグマティズムをドイツ観念論の連続線上にあるものと捉え、ひいては今後はドイツ観念論的な方向へと回帰した「合理論的プラグマティズム」こそが有望だという議論が明解に打ち出されている。さらに、先述のとおりブランダムのネオプラグマティズムは分析哲学の更新を提案するものであるが、これはプラグマティズムを介した更新であると同時に、第三章で示唆されるとおり、ドイツ観念論を介した更新でもある。本書では、仔細な議論には立ち入らないものの、以上のようなブランダム思想におけるドイツ観念論のハイライトがひととおりは看取できるようになっているということにも注目しておいてほしい(5)。

原題（*Perspectives on Pragmatism*）が示すとおり、本書は様々な視点をとることによって現出するひとつのプラグマティズム像を描写している。また、ここで言っている「視点」は、例えばプラグマティズムのある側面に注目するというような空間的な視点のとり方だけでなく、プラグマティズムの来し方と行く末を見遣るという時間的な視点のとり方をも含意している。こうして本書は、同時代の分析哲学に対して転回を提案するというプラグマティズム像を示しつつ、そうしたプラグマティズムを、ドイツ観念論からローティを経由して「合理論的プラグマティズム」へと伸びて（あるいは回帰して）ゆく歴史的営為として描き出すという、少なくとも二重の試みを展開しているのである。そしてこうした描像は、もちろんブランダムが主張するネオプラグマティズムの描像である一方で、同時に、現代において決して無視できない、しかしあまりに多彩な面を持つがゆえにその全容を把握することが困難なブランダムという巨人の姿を、非常にうまく要約しているのではあるまいか。いささか強引だが、本書を、ブランダム自身のこれまでの哲学的キャリアと関連づけてまとめてみると次のようになるだろう。本書は、ブランダムがドイツ観念論とプラグマティズムをどのように引き受けているのかを披瀝し（序章、第一章、第二章、第三章）、わけてもローティの思想をどのように継承しているのかを述べ（第四章、第五章）、その上でブランダム独自の「分析プラグマティズム」によって分析哲学の更新を提案し（第六章）、さらに同時代のネオプラグマティストたちとブランダムと（そしてローティと）の立ち位置を整理して示している（第七章）。こうして本書は、ブランダムを理解するための様々な視点をも効果的に与えてくれる書となっている。以下、それぞれの章について、翻訳の担当者が簡単に内容を紹介してゆく。

序章（担当者：加藤）

本書全体を概観する内容を含むこの序章は、本書のために書き下ろされた章である。そのため、本書のどの章よりも新しい。本書の各章で展開されている議論と重複する記述もあるが、各章の議論の先にブランダムが見据えている「合理論的プラグマティズム」の大枠を見てとれるように、俯瞰的な論述がなされている。個別の議論については各章の詳しい論述を参照しつつ、その議論の意図がよくわからないとき、いわば道に迷ったように感じられたときには、いったん高台に上がって地形や道程を確認するかのように、この序章を読まれるとよいだろう。また、第七節において、『哲学における理性』、『言うことと為すことのあいだ』、『明示化』といったブランダムの著作と本書（あるいは本書の各章の議論）との関連性についても述べてくれている。序章を通して立体的に把握できた景色《パースペクティヴ》を念頭に置けば、そうした本書以外のブランダムの著作も読み進めやすくなるだろう。
ククリックに宛てた献辞（本書上巻vi頁）にて、ブランダムは本書を、「一生ものの哲学の旅路」の「道中記」と表現している。本書が道中記ならば、序章はさながら、それに付された地図のようである。この地図は、本編（第一章〜第七章）でその詳細が述べられるプラグマティズムの地形についてだけでなく、その周辺地形についての情報も伝えている。つまり、もちろんプラグマティズムが地図の中心に位置づけられるのだが、さらにドイツ観念論と分析哲学がそれぞれどういった位置にあり、プラグマティズムとどのような関係を取り結ぶことで「合理論的プラグマティズム」へと結実するのか、ということもまた、この地図に描かれている。こうした地図を読み取りやすくするため、ここでは、ブランダム思想におけるプラグマティズムとドイツ観念論と分析哲学の三者の関係を簡単に示しておこう。

前述のように、ブランダムは現代のネオプラグマティズムの旗手として知られているが、ブランダム本人は「自分自身のことを分析哲学者であると考えている」(6)。それでは、ブランダムにとって分析哲学とは何か。本書第六章の記述によると、ブランダムが「ボキャブラリー」と呼ぶもの同士の意味論的な関係を解明する営為が分析哲学に相当する。しかし、同じく第六章で明示されているとおり、ブランダムはこのボキャブラリー同士の意味論的な関係に関して、当該ボキャブラリーを使用していかなる実践がおこなわれているのかに注目し、語用論的《プラグマティック》な関係を媒介させて説明するというアプローチを提案している。これがブランダムの「分析プラグマティズム」の基本戦略であり、これにより分析哲学の目的を達成できているならば、その点では、これを分析哲学の実践の一部とみなすことも可能なのかもしれない。この関連でいえば、序章第五節にて分析哲学者の立場から見たプラグマティズムに言及していることが興味深い。確かにウィリアム・ジェイムズやジョン・デューイの思想は、分析哲学の伝統から隔たっているとみなされても仕方ないだろう。しかし、プラグマティズム創始者のひとりであるチャールズ・パースが独自の記法でもって、フレーゲの整備した一階述語論理と同等以上の表現力を持つ論理体系を実現していたこと、さらにはプラグマティズムの流れをくむC・I・ルイスの様相論理の研究や、ルイスの教え子であるネルソン・グッドマンやW・V・クワインの業績は、むしろ分析哲学の営みに棹さすものといえる。ブランダムが「方法論的プラグマティズム」と「意味論的プラグマティズム」を組み合わせて導き出す「言語的プラグマティズム」は、意味よりもまず使用に注目する「基礎的プラグマティズム」を特に言語行為の解明に応用するひとつの方法であるが、これは分析哲学と相容れないようなものではないのである。（ここで言及されている各種のプラグマティズムについては、第二章にてより詳しい説明がなされているので参照してほしい。）

プラグマティズムとドイツ観念論の関連については、序章全体をとおして折に触れて言及されているが、とりわけ第一節ならびに第六節の論述が充実している。特に、第六節で展開される「区分の問題」「発現の問題」「引き上げの問題」に関する記述は、本書ではここにしかない。このなかでもとりわけ「区分の問題」が鍵を握る。というのも、ブランダムの考えでは、デューイのプラグマティズムもルートウィヒ・ウィトゲンシュタインの後期の思想も（ブランダムはこれらをともに「基礎的プラグマティズム」に属するものと捉えている）、この問題に答えられていないという点で不十分であるからだ。人間をはじめとする知性を持つ生物の実践を説明するには、言語的活動を説明できねばならない。

「区分の問題」とは、どのようにして言語的な実践や能力が、非言語的な実践や能力から区別されうるのかという問いである。ここでブランダムは、ドイツ観念論の思想に訴える。序章第一節で言及されているカントの規範的転回を踏まえれば、知性を持つ生物のおこなう判断や行為は規範的評価に左右されるのであり、そのおかげで人間は自分の行為や判断に責任を負うことになる。この発想を「区分の問題」に応用すると、言語的な実践・能力の言語的（そして言説的）たるゆえんとは、その実践・能力が規範を参照し、判断・行為の主体に責任を負わせるところにある。言い換えれば、人間の言語的活動は、規範を参照しながら理由を与えたり求めたりするという実践を主軸にして展開している。ウィトゲンシュタインは言語には中心街（downtown）はないとしていたが、ブランダムにしてみれば、理由を与えたり求めたりするという推論的実践こそが言語の中心街なのである。ブランダムはこうした発想をドイツ観念論から継承することによってこれまでのプラグマティズムの不備を補い、「合理論的プラグマティズム」へと至っている。そしてこの方向への歩みをブランダム自身が進めた先に、推論主義がある。とはいえ、この合理論的プラグマティズムについてさらに詳しく知るためには、序章第七節でも述べられているように、本書以外のブランダムの著作『明示化』『言うことと為すことのあいだ』『哲学における理性』を参照しなければならない。本書序章は、これらを読み進める際にも、地図として役立ってくれるだろう。

第一章（担当者：加藤）

本章に相当する内容は、デューク大学出版局から発行されている*boundary 2*という学術誌の二〇〇二年夏号（vol. 29, no. 2）にてはじめて掲載された。初出時には「哲学が鈍色の背景に青色を描き入れるとき——アイロニーとプラグマティストの啓蒙思想」（"When Philosophy Paints Its Blue on Grey: Irony and the Pragmatist Enlightenment"）という洒落た題名が付けられており、これは哲学によって曇天に晴れ間がさしてゆくイメージで啓蒙思想を捉えたものであろう。その後、二〇〇四年に*European Journal of Philosophy*（vol. 12, no. 1）に再録された際には題名が「プラグマティストの啓蒙思想（とその問題含みの意味論）」（"The Pragmatist Enlightenment (and Its Problematic Semantics)"）に変更されており、これは本章の副題にほぼ一致する。さらに、二〇〇九年にも論集*Pragmatism, Nation, and Race: Community in the Age of Empire*（Chad Katzer and Eduardo Mendieta (eds.), Indiana University Press）に再録されており、その際には、初出時と同じ題名が付けられている。いずれにせよ題名が示すとおり、本章では、プラグマティズムを第二の啓蒙思想として特徴づけるという立場が鮮明に打ち出されている。

一七〜八世紀にヨーロッパ各地を席巻した啓蒙思想は、まず人間の理性の働きに注目して世界を理解しようとするものであり、ニュートン物理学をその理解のモデルとして、変化することのない普遍的な自然法則の解明を目指すものであったと要約できる。他方、ブランダムは一九世紀後半にアメリカで勃興したプラグマティズムを第二の啓蒙思想として解釈することを提案する。プラグマティズムもまた理性による世界の理解を目指すが、第一の啓蒙思想からは、その理解のモデルとする科学観が変容していた。すなわち、ダーウィンの進化論（『種の起源』初版が一八五九年）の社会的インパクトから、科学によって解明される諸法則もまた偶然的な環境適応のプロセスを経て確立した習慣のようなものとみなす考えが生じていた。また、当時整備されつつあった統計学の観点から、法則を例外なしのものとするのではなく、あくまで蓋然的なものと捉えられるようにもなった。こうして、第一の啓蒙思想では必然的で永続的なものと理解されていた法則は、第二の啓蒙思想であるプラグマティズムにおいては、偶然的・蓋然的で、環境との相互作用に応じて変化するかもしれないものと理解されるようになったのである。

科学観の変化は、理性とは何かということと、さらには理性という能力を行使する主体をどう捉えるかということに、多大な変化をもたらした。それを雄弁に物語るのが、プラグマティストの導き出した新しい「経験」観である。経験は、あるがままに生起して知識の根拠になるような所与ではなく、主体が環境との相互作用をおこない、適応を果たし、巧妙な実践を見出してゆく学習プロセスと考えられるようになった。プラグマティズムは経験概念を、主体と環境との相互作用のプロセスまでをも含めたものへと拡張したのである。

しかし、こうした点では極めて先進的であったプラグマティストたちであるが、現代人の視点からするといくつかの瑕疵が目についてしまう。それらの瑕疵については第六節で指摘されているとおりである。しかし、ブランダムの論旨としては、それらの瑕疵は比較的局所的な「戦術」面での瑕疵であり、大局的に見たところでの「戦略」面では、（古典的）プラグマティストたちの採った道筋は決して見込みのないものではない。とりわけ第五節末尾で、プラグマティストたちの試みを（現代では右派セラーズ主義者のひとりであるルース・ミリカンが打ち出すような）目的意味論の先駆であると述べているところなどは興味深い。（さらにいえば、第四節ではルイ・メナンドの『メタフィジカル・クラブ』の議論をそれなりに好意的に紹介しており、これがシェリル・ミサックの『プラグマティズムの歩き方』の序論での論述とは好対照をなしている点も興味深い。）第六節でこれまでのプラグマティズムの瑕疵を指摘したうえで、第七節において現代のプラグマティストたちが追求するべきものとして言及される「言語的プラグマティズム」の内実については、本書第二章で詳しく説明される。しかし先回りして言っておくとそれは、序章でも明示されていたとおり、ドイツ観念論の知見を「基礎的プラグマティズム」にうまく採り入れた「合理論的プラグマティズム」に他ならない。

第二章（担当者：三木）

本章の内容はもともと、「語用論と種々のプラグマティズム」（"Pragmatics and Pragmatisms"）という名前で、二〇〇二年出版の論文集『ヒラリー・パトナム――プラグマティズムと実在論』（*Hilary Putnam: Pragmatism and Realism*. J. Conant & U. M. Zeglen (eds.), Routledge）に収録されている。タイトルこそ「プラグマティズムを分析する」へと改められているが、本章を読んだなら、その内容がまさに「語用論と種々のプラグマティズム」であることが納得されるだろう。

現在、さまざまな哲学者が「プラグマティスト」と呼ばれている。パース、ジェイムズ、デューイといった古典的プラグマティストは言うに及ばず、クワイン、セラーズ、デイヴィドソン、ローティ、パトナムの名も、しばしばプラグマティストとして挙げられるだろう。

とはいえ、果たしてこれらの哲学者に共通する思想などというものがあるのだろうか。例えば自然主義者として知られるクワインと、自文化中心主義を標榜し、ときに誤解とともに「相対主義者」と呼ばれることもあるローティとに共通点などあるのだろうか。しかし、もしもここで挙げた哲学者たちがそれぞれ異なる立場を報じているならば、彼らをひとまとめに「プラグマティスト」と呼ぶことにいかなる意味があるのだろうか。

本章でブランダムは、ふたつのことを試みている。ひとつは、こうした多岐にわたるプラグマティストたちをまとめられるくらいに、十分に広くプラグマティズムというものを特徴づけることである。ここで鍵となるのが、語用論だ。ブランダムによれば、プラグマティズムとは、意味論は語用論に応答しなければならないという思想によって特徴づけられるのである。この特徴づけにおいて重要なのは、「応答」とは具体的にどういうことなのかがここでは特定されていないということだ。「応答」を十分に広く解する限りで、意味論は語用論に応答しなければならないという思想が、多岐にわたるプラグマティストたちを「プラグマティズム」というひとつの枠のなかに収めてくれるのである。

他方で第二の試みとして、この特徴づけを利用して互いに異なる複数のプラグマティズムのヴァリエーションをブランダムは区別し、整頓する。要するに、先の特徴づけで具体化されずにいた「応答」をどのように具体化するかに応じて、さまざまなプラグマティズムが区別できるというのだ。このシンプルな図式によって多様な哲学者たちが見通しよく整理されてゆく、その見事な手際が、本章の見どころとなるだろう。そして本章が与える見取り図は、私たちが自分自身の思想の位置を把握するための手掛かりともなるだろう。

第三章（担当者：田中）

ブランダムはしばしば自身の哲学を「分析哲学をカント的段階からヘーゲル的段階へ移行させる」試みと特徴づけており、こうした試みは、ヘーゲルの独創的読解であると同時に自身の哲学的思想の提示でもあることを意図された、先にも触れた近刊『信頼の精神』に集約されたと言えるだろう。ブランダムの見るところ、彼に先立って「分析哲学をヒューム的段階からカント的段階へと移行」させたのは、ウィルフリド・セラーズである。本章で試みられるのは、カント的合理論とプラグマティズムとを統合する独創的考えを打ち出した哲学者として、セラーズを描き出すことだ。ブランダムは、セラーズの最もよく知られた論文「経験論と心の哲学」で提示されている経験主義批判を、「現象主義」および「反事実文、傾向性、因果的様相」という同時期に執筆された彼の他の論文と合わせて論じることで、この試みを達成しようとする。

セラーズをカント主義者として描くにあたりブランダムが最終的に着目するのは、「様相についてのカント＝セラーズテーゼ」として彼が定式化する考えである（このテーゼについては第五節以降を特に参照）。ブランダムの理解するところでのカントの功績（の一部）は、必然性といった様相概念についてのヒューム的経験論者による懐疑論を乗り越え、事物を経験的に記述するという営みそれ自体が前提しなければならないもの（それなしでは不可能なもの）として、そうした概念を特徴づけたことである。カントによれば、様相概念は「カテゴリー」として通常の記述的概念とはまったく異なる機能を果たし、それゆえに異なる身分を持つものと考えられなければならない。本章が描くところでのセラーズの主たる功績は、(1)こうしたカント的考えを分析哲学において再興させたこと、および(2)様相概念を使用することで人は何をしているのかということに注目するプラグマティズム的観点から、カント的洞察を自然主義的に理解するための先鞭をつけたことである。こうした「カント的合理論に基づくプラグマティズム」において、様相概念の使用という実践は、通常の記述的概念の使用実践の持つ重要な特徴を明示化するという独自の機能を持つものとされる。またさらに前者の実践は、後者の実践によってある意味で前提されているという、特別な身分を持つものとして理解されるのである。

こうしたブランダムのセラーズ解釈がよくまとまった形で提示されているものとしては、本章の他にも以下のようなものがある。

(1)『経験論と心の哲学』〔浜野研三訳、岩波書店、二〇〇六年〕(*Empiricism and the Philosophy of Mind.* MA: Harvard University Press, 1997) に付されたブランダムの「読解のための手引き」

(2) *From Empiricism to Expressivism: Brandom reads Sellars.* Cambridge, MA: Harvard University Press, 2015.（特に「様相についてのカント＝セラーズテーゼ」については第三章およびそれ

以降の議論を参照のこと。その一部はすでに『言うことと為すことのあいだ』の第四章、『大いなる死者たちの物語』の第一二章でも論じられている。)

第四章（担当者：朱）

本章と続く第五章では、ブランダムにとっては博士課程の指導教員に当たるリチャード・ローティが取り上げられる。一九七二年、本書の献辞が捧げられているブルース・ククリックらの指導のもとイェール大学の学士課程を卒業したブランダムは、プリンストン大学に進学する。七〇年代のプリンストンは、ディヴィッド・ルイスらを擁する分析哲学の中心地のひとつだった。ブランダムは、同大学で七七年に学位を取得するまでローティに師事している。

当時のローティは、「消去的唯物論」を提唱した六五年の論文「心身同一性・私秘性・カテゴリー」("Mind-Body Identity, Privacy, and Categories") および六七年に編者を務めた論文集『言語論的転回』(*The Linguistic Turn: Essays in Philosophical Method*. The University of Chicago Press) などの業績で知られる分析哲学者と目されていた。そのため、苛烈な分析哲学批判を打ち出した『哲学と自然の鏡』が七九年に公刊されて以降、政治哲学や文芸批評にまで乗り出し、いわゆる「ネオプラグマティズム」の旗手としてその名を轟かせていく後期ローティは「転向」したのだとみなされることが多い。

本章でブランダムは、このような人口に膾炙したローティ理解を覆し、キャリアの初期から後期まで首尾一貫したプロジェクトを推進した哲学者として描き直す。ブランダムによれば、心の哲学におけるひとつの立場と目されていた消去的唯物論とは、実のところ「心的表象」のごとき典型的な認識論的権威もまた、コミュニケーションの規範構造から理解されるべきである、というのちに前景化する社会的プラグマティズムの提唱だったのである。そして、初期には「主観的なもの」を社会的な規範構造から説明したのと同じアプローチを、後期には「客観的なもの（実在）」に対して適用したというのがブランダムの見立てである。

なお、三節以降では「第二の啓蒙」として〈客観的実在〉を解体しようというローティに対して寄せられた「非理性主義」との批判と彼なりの応答、そしてまたブランダム自身による社会的プラグマティズムの展開という「代案」の概要が提示される。注目されるのは、ブランダムはローティ初期の消去的唯物論という（ローティ自身はそこから離れた）分析哲学のスタイルにこそ活路を見出しているという点だろう。

本章のもとになったのは、二〇〇九年にドイツのジャーナル *Deutsche Zeitschrift für Philosophie* 誌（五七号）の巻頭に収録された独語論文 "Ein Gedankenbogen: Rortys Weg vom eliminativen Materialismus zum Pragmatismus" であり、さらに遡ると二〇〇七年七月の講演にその原型を持つ（これは同年六月に亡くなったローティへの追悼講演であり、翌年のアメリカ哲学会でも同題で講演をおこなっている。本章がいささか情感豊かな文体で綴られているのはこうした出自に由来する）。後期ローティは、アメリカとヨーロッパの哲学を架橋する知識人として、とりわけドイツではユルゲン・ハーバーマスとの長きに渡る論争と対話で知られていた。本章は、そのような文脈においてローティを知る読者も念頭に、彼の哲学者としてのキャリアの全容とその一貫性を手短に語り直すものである。

第五章（担当者：朱）

本章では、前章で素描されたローティ論が本格的に展開される。本書で最も大分量の章であり、大きく三パートから構成されている。まず第一パート（一〜三節）では、ブランダムがローティ哲学を読み解く鍵とする「ボキャブラリー」概念が導入される。これは、論理経験主義の言語観に対するクワインおよびセラーズの批判を念頭に、純粋な「意味」と私たちの「信念」（あるいは「理論」と「言語」）とのあいだに明確な線引きはできない、ということに基づく用語法であり、とりわけ後期ローティが好んだ表現である。

ブランダムは第二章で導入した「道具的プラグマティズム」の発想から本概念を位置づける。例えば「真理」概念もまた、あくまでボキャブラリーであり、それを用いて私たちが現におこなう「正当化」の実践と切り離して考えることはできない。本パートでは、このボキャブラリー概念を用いて初期ローティの消去的唯物論、そして彼のキャリアの転換点となった『鏡』における表象主義批判が手際よく再記述される。

続く第二パート（四〜七節）は、ここまでの再記述を踏まえてローティの表象主義批判を継承しつつも、その議論を（彼に一種のレッテルとして帰属されがちな）「言語的観念論」のごときものではなく、むしろ私たちのボキャブラリーを用いた実践を因果的に制約するものとしての世界の実在に関する

「自然主義」と言うべきコミットメントを軸として再構成する。なお、その結果としてローティが陥る（かに見える）のが「規範と因果の二元論」である。本パートでは、この陥穽を避けながらローティが放棄した「事実に対応するものとしての真理」概念を彼にも許容可能な形で「回復」することが目指される。その過程では、ブランダム自身が展開する「推論主義」の道具立ても駆使されており、自身とローティとの哲学上の相違が示されている。（とりわけ信頼性主義については『推論主義序説』第三章なども参照されたい。）

第三パート（八～一二節）では、ふたたび「ボキャブラリー」概念に立ち返ってローティ哲学の全容が描き出される。ここで焦点が当てられるのは、同概念を主題的に論じた『偶然性・アイロニー・連帯』（一九八九年）以降のローティである。本パートでは、同書に見出せる「歴史主義」と、前述のように『鏡』に見出される「自然主義」という一見相容れないふたつのパースペクティブから、「公／私の分離」「残酷さの最小化」など後期ローティの重要概念を取り上げつつ、ブランダムの目を通したローティ像が立体的かつ魅力的に描き出されている。本パートはまた、ブランダム自身はほとんど発言をしていない自身の言語哲学からの政治哲学的な帰結を、ローティ論という形で論じたものと読むこともできるかもしれない。

本章のもとになったのは、ブランダム自身が編者も務めた二〇〇〇年の論集『ローティとその批判者たち』（*Rorty and His Critics*. R. Brandom (ed.), Blackwell）第八章に収録された論文である。また、その原型は一九九六年の講演（第四章注(2)で言及したローティによるフェラテール・モラ講義を受けてのカンファレンス内での口頭発表）にまで遡ることができる。本書収録原稿では最も古い出自を持つ章であり、のちにブランダムが展開するアイデアの萌芽（例えば第六章の「分析プラグマティズム」）がローティの影響を受けて育まれたことがうかがえる。なお、先述の論集にはローティからの「応答」も収録されている。それによると、ブランダム独自色の強い第二パートに対してこそ「疑いを持っている」としつつも、残りの部分には「熱烈に賛同する」（同書183-184）との「是認」が与えられている。ローティの愛弟子としてのブランダムの面目躍如たる一章である。

第六章（担当者：三木）

本章のもととなっているのは、二〇〇八年に出版された『言うことと為すことのあいだ——分析プラグマティズムに向けて』（*Between Saying and Doing: Towards Analytic Pragmatism*. Oxford University Press）の第一章であり、すでにこれまでにも本章と同じ「分析プラグマティズムに向けて」というタイトルで論文集『ロバート・ブランダム——分析プラグマティスト』（*Robert Brandom: Analytic Pragmatist*. B. Prien & D. P. Schweikard（eds.）, Transaction Books, 2008）にも収録されている。

本章でまとめられているように古典的な分析哲学では、ある文を、意味において対応している別のもっと基礎的な文へと置き換えるという手法、すなわち分析が、その中核をなしていた。例えば科学理論に登場する文を私たちの感覚経験を語る文へと分析することで、科学理論が経験に基礎づけられていると示そうといった試みがなされた。ここでは文の意味という概念が重要な役割を果たしている。これに対し、イギリスで活躍する一部の哲学者たちが意味という概念を疑い始めた。後期ウィトゲンシュタイン、オースティン、ストローソンといった人々は、言葉に固定的な意味があるという見方を揺さぶり、言葉はむしろその使い方において見られるべきであるという思想を打ち出した。こうして、意味を中心とする立場と使用を中心とする立場の対立が生じることになる。

実は分析哲学とプラグマティズムも同じ対立を生じさせる。というのも、第二章で語られているように、プラグマティズムとは意味論が語用論に応答しなければならないとする立場であり、要するに意味は使用に応答しなければならないと考えられているからだ（実のところ、ブランダムには言語の使用を重視する哲学者たちを、当人たちがそれを称するかによらず全般的に「プラグマティスト」と呼ぶ傾向がある）。使用こそが重要なのである。

ブランダムの分析プラグマティズムは、このまるで水と油のようなふたつの立場を、両者を尊重しつつ発展的に統合する立場である。いかにしてそのような統合を成し遂げることができるのか。分析哲学では、ある文の意味と別の文の意味との対応関係を重視する。プラグマティズムは使用を意味より重視する。ならば、ある文の意味と別の文との意味とが、それらの文の使用を介して対応するような関係へと目を向けたなら、分析哲学にもプラグマティズムにも叶う枠組みが得られるではないか。これがブランダムの基本的な発想だ。

本章でブランダムは、このシンプルなアイデアを、圏論を参照しながら形式化し、その活用方法を紹介する。果たして分析プラグマティズムというこの新たな枠組みは有益なものなのか、それは本章を読む私たちがこれをいかに吸収し、利用するかにかかっているだろう。

第七章（担当者：田中）

本章は、二〇〇八年にヒュー・プライスがティルブルフ大学でおこなったデカルト講義に対して、ブランダムが与えたコメンタリーを元とするものである。プライスのデカルト講義及びその他の論者によるコメンタリーを含む論文集は、プライス編『表出主義、プラグマティズム、表象主義』（*Expressivism, Pragmatism and Representationalism*. H. Price (ed.), Cambridge: Cambridge University Press, 2013）として出版されており、本章は同書の第五章とほぼ同内容である。

ブランダム自身が記しているように、彼とプライスの哲学的立場には共通するところも多い。特に、しばしば両者はともに「プラグマティズム」を背景とした、意味論における「反表象主義」の旗手として言及される。本章でブランダムが試みるのは、表象概念に対するプライス、および（反表象主義の先駆けとみなせる）ローティの立場を検討し、自身の立場をそれらと比較対照することによって明確化することである。

ブランダムの見るところ、表象概念についてのプライスおよびローティの立場と、彼自身の立場の重要な違いは、「グローバルな表象主義の拒絶」（anti-global-representationalism）と、「グローバルな反表象主義」（global anti-representationalism）とを区別することで明らかになる。大まかに言って前者は、どのような言語表現についても、その意味の説明には表象概念が使用されねばならないとする、行き過ぎた表象主義の拒絶である。一方後者は、どのような言語表現についても、その意味や使用を論じるにあたって表象概念は使われるべきでないと主張する、より急進的な立場だ。本章ではまず、プライスやローティが後者のより急進的な立場を推奨する論者であることが確認される。その後ブランダムは、「前者に加え後者を受け入れる必然性はあるのか」という問いを追求することで、自身の表象概念についての立場を明確化してゆく（ブランダムの答えは「否」である）。こうした議論においてもうひとつの鍵となってくるのは、意味についての理論を構築する上で表象概念に果たすことが期待される「説明的役割」と、表象的語彙の使用が言語実践において持つと考えうる「表現役割」との区別だ。ブランダムの考えでは、行き過ぎた表象主義を拒絶することは、表象的語彙の使用が我々の言語実践において持つ独自の表現役割を認めることと両立可能であり、そうした表現役割の理論的分析は哲学的に有意義な課題を設定するのである。（また表象的概念の「説明的役割」に関して、ルース・ミリカンの「目的意味論」に部分的とはいえ好意的な言及がなされているのは興味深い点である。）

　本章を読むにあたって注意すべきなのは、ややテクニカルな内容を含む第四節の議論は、それだけで完全な理解を得られることを意図して書かれていないことだ。本章全体の議論の流れを理解するにあたってこのことはそれほど問題にならないと思われるが、より詳細な説明を求める読者は本書第六章およびその訳注を参照されたい。また、第一節のセラーズに関する議論については本書第三章が、そして第二節のローティに関する議論については本書第四章と五章が、それぞれ関連する内容を補完してくれるものとなっている。

「現代プラグマティズム叢書」における本書の位置づけ

最後に、一歩引いた視点から本書の特徴を指摘しておきたい。本書は「現代プラグマティズム叢書」の第二弾として刊行されている。叢書の第一弾として刊行された『プラグマティズムの歩き方』の原著者シェリル・ミサックは、ローティによって人口に膾炙したようなプラグマティズム観、つまり分析哲学と対立するものとしてプラグマティズムを捉えるという態度に、真っ向から反対している。そしてミサックは、ローティが分析哲学へのカウンターとして打ち出した「ネオ」プラグマティズムから意識的に距離をとり、自身が属する立場を「ニュー」プラグマティズムと呼称している。しかしながら先に述べたとおり、本書からうかがえるブランダムのネオプラグマティズムの思想は、分析哲学に対立するものなどではない。ブランダムはローティとは違って、ピッツバーグ大学の哲学特別教授としてアカデミックな哲学界に確かな地歩を占めており、分析哲学に新基軸を持ち込んだポスト分析哲学を構想しているのである。分析哲学の側から見ても建設的なこうした態度は、「ニュー」プラグマティストであるところのミサックにも魅力的に映るようだ。実際、『プラグマティズムの歩き方』日本語版に彼女が寄せてくれたメッセージの中でも、彼女は「サイモン・ブラックバーン、ロバート・ブランダム、ヒュー・プライスなどの面々によって打ち出されている新しい種類のプラグマティズムに首肯して」いるとはっきり述べている。ここでのミサックの念頭にあった「新しい種類のプラグマティズム」がいかなるものであるのかは、本書を読めば明らかになるだろう。（さらにとりわけ第七章を読めば、ブランダム、ブラックバーン、プライスの微妙な立場の違いまでわかる。）

その一方で本書は、現代のプラグマティズムに関して、『プラグマティズムの歩き方』では必ずしも十分に掘り下げられていなかった重要な側面にも光を当てている。すなわち、まず本書は、現代のプラグマティズムにおいて今なお色褪せないセラーズ思想の影響の大きさを物語ってくれている。とりわけ第三章を読めばそれがありありと看取されるし、さらには、時おり差し挟まれるルース・ミリカンへの好意的な言及（上巻二六頁や下巻一五九頁など）からは、自分とは異なる道を歩んだ「セラーズの子供たち」のひとりに対してもブランダムが気をかけ続けていることがうかがえる。(7) セラーズが晩年教鞭をとっていたピッツバーグ大学では、現在ともに同大学の教授を務めているブランダムとジョン・マクダウェルを中心として、「ピッツバーグ学派」と呼ばれることもある学問的文化風土が確立している。今後ともピッツバーグは、現代のプラグマティズム研究の一大本拠地として存在感を示し続けるであろう。

さらに、現代プラグマティズムとドイツ観念論の密接な結びつきの一端を明らかにしていることも本書の特色といえる。先述のとおり、ブランダムのネオプラグマティズムは、ヘーゲル思想を独自の仕方で応用した分析哲学更新の試みでもある。この点に関連して、本書が歴史学者であるブルース・ククリックに捧げられている（上巻vi頁参照）ことが興味深い。ククリックは著書『アメリカ哲学史』の中で、プラグマティズムは「観念論の一形態」であると断言している。(8) この主張には面食らってしまう読者もいると思われるが、その一方で、今をときめくネオプラグマティズムの旗手であるブランダムもまたククリックの認識を踏襲するかのように、プラグマティズムを第二の啓蒙思想と捉え（本書第一章）、ドイツ観念論との連続性を強調している。本書序章の標題からも明らかなとおり、プラグマティズムはドイツ観念論の流れをくむものであり、今後は再びドイツ観念論を取り入れることによって「合理論的プラグマティズム」へと洗練されてゆくべきであるというのがブランダムの立場である。このようにしてブランダムは、（本書の邦題とした）「プラグマティズムはどこから来て、どこへ行くのか」という問いに対して、本書全体を通して明快に応答してくれているのだ。

謝　辞

まず、担当編集者の山田政弘さんに謝意を表したい。編集者への感謝の言葉は謝辞の最後の方で述べられるのが一般的であると思われるが、謝辞冒頭で述べさせていただくのは、次のような出版の経緯があるからである。

訳者のひとりである加藤は、二〇一七年の春に山田さんから相談を受けた。いわく、現代のプラグマティズム研究を日本で紹介してゆく事業を進めたいが、どういう本が出版されるとよいだろうか。その際には取り急ぎ、加藤から、翻訳されるとよいと思われる本の一覧をお示しした。「プラグマティズム叢書」第一弾であるミサックの『プラグマティズムの歩き方』と第二弾にあたる本書はいずれもその一覧に含めていたものである。ただ、分析哲学、ドイツ観念論、セラーズ思想、新旧のプラグマティズムを縦横無尽に論じて多面体のごとき独自のプラグマティズム像を打ち出す本書の翻訳は、とても加藤ひとりの手に負えそうな仕事ではなかった。

転機となったのは、その年の七月に開催された「哲学若手研究者フォーラム」である。このフォーラムは大学院生やポストドクターの研究者が中心となって運営している全国規模の研究大会であり、毎回、若い（もちろん「若い」というのは年齢に限った話ではない）研究者同士のあいだで忌憚のない濃密な議論が展開される。例年、代々木の国立オリンピック記念青少年総合センターを会場とし、同センターに宿泊することも可能なため、全国のエネルギッシュな哲学研究者たちが一堂に会する「夏の哲学合宿」のようなイベントでもある。このときに加藤は、朱喜哲さん、田中凌さんの研究発表を聴き、それにより、欠けていたパズルのピースが嵌まってゆくかのように、本書の翻訳を実現できるという希望が湧いてきたことを覚えている。朱さんはネオプラグマティズムの歴史と現代の議論状況に造詣が深く、田中さんはセラーズとその系譜の思想に詳しい。このメンバーに加え、言語哲学・コミュニケーションの哲学の専門家である三木那由他さんの協力が得られれば、加藤ひとりでは手に負えなかったブランダムのネオプラグマティズムの多面的な要素それぞれをひととおりカヴァーできるのではないか。こうして、加藤から各位に本書翻訳に加わってほしいと打診し、承諾を得て、現在のチームが出来上がった。

このように紆余曲折があった末にようやく翻訳作業が動き出したという次第であり、さらにはチームで動くということからもろもろの調整をしながら作業を進めるわけで、山田さんには大変ご苦労をおかけした。そしてそもそも山田さんからご相談を受けなければ、このように「仲間集め」をすることすら思いもよらなかっただろう。無事に本書が刊行されたことを心から喜び、ここに訳者一同より、山田さんへのひときわの感謝を申し上げたい。

さて、本訳業に当たっては、じつに多くの方に助言を頂いた。ここにお世話になったすべての方々のお名前を挙げる紙幅が残されていないのが残念だが、わけても、久木田水生さん、丸山善宏さん、入江幸男さん、井頭昌彦さん、大河内泰樹さん、川瀬和也さん、谷川嘉浩さん、仲宗根勝仁さんの各位に、訳者一同より感謝申し上げる。とはいえ、こうした皆さまの心強い協力を受けてもなお、本書には誤訳や誤解が残っているかもしれない。誤訳・誤解の責任の一切はもちろん訳者たちにある。読者諸賢からのご叱正を乞うばかりである。何かお気づきのことがあれば、遠慮なくご指摘いただきたい。

最後に、原著者であるロバート・ボイス・ブランダム教授に感謝を述べる。教授は、本訳書のプロジェクトをたいへん喜び、日本とのご縁について詳しく述べた序文を本訳書のために書き下ろしてくださった。また、その序文では、「現代プラグマティズム叢書」の事業についても意識して、『アメリカ哲学史』の邦訳が出たばかりであるククリック、叢書第一弾の原著者であるミサック、そして現代のプラグマティズム研究における最重要人物のひとりであり本邦での紹介が待望されているヒュー・プライスに言及してくださっている。ブランダム教授がおっしゃるように、本書がきっかけとなり、たくさんの日本の読者を、プラグマティズムにまつわる現代の豊潤な哲学対話へとご案内できるようになることを、訳者一同、教授とともに心から願っている。

二〇二〇年九月　訳者を代表して　加藤隆文

注

（1） Habermas, J. *Wahrheit und Rechtfertigung: Philosophische Aufsatze*. Suhrkamp, 1999 の p. 138 より。ここでは、岡本裕一朗著『ネオ・プラグマティズムとは何か』（ナカニシヤ出版、二〇一二年）九六頁の訳文を引用した。

（2） ローティはこの趣旨の発言を各所でおこなっているが、例えば自身の最後の論集となった『文化政治としての哲学』（*Philosophy as Cultural Politics: Philosophical Papers*. Cambridge University Press, 2007）の第一章にて次のように述べている。「彼（ブランダム）の著作は、ジェイムズのプラグマティズムの私なりの解釈を擁護する場合に、最良の武器を提供してくれる」（冨田恭彦・戸田剛文訳『文化政治としての哲学』岩波書店、二〇一一年、九頁より引用）。

（3） Misak, C. *The American Pragmatists*. Oxford University Press, 2017 の p. 227 参照。訳書（加藤隆文訳『プラグマティズムの歩き方』勁草書房、二〇一九年）では下巻一六七～八頁に当該内容が書かれている。

（4） 「ポスト分析哲学」という用語は、注（1）でも触れた岡本裕一朗の著書『ネオ・プラグマティズムとは何か』の副題にも用いられている。同書の特に第三章は、本邦でいち早くブランダムの思想の概要をわかりやすく紹介したものとして貴重である。大河内泰樹の論文「合理性の階梯――R・ブランダムにおけるヘーゲル主義への一視角」（『一橋社会科学』第四巻、一～一二頁、二〇一二年）の注（1）にも、ブランダムを「ポスト分析哲学」に位置づけることについて若干の説明がある。

（5） ドイツ観念論、とりわけヘーゲル思想とブランダムのネオプラグマティズムの関係についてその概要が知りたければ、寄川条路編著『ヘーゲルと現代思想』（晃洋書房、二〇一七年）の第三章として書かれた川瀬和也による解説がわかりやすい。また、注（4）でも触れた大河内泰樹の論文「合理性の階梯」もたいへん参考になる。

（6） Williams J. J., "Inferential Man: An Interview with Robert Brandom", *symplokē*, vol. 21, no. 1-2 (2013), p. 370 より加藤訳。このインタビュー記事のなかでブランダムは、自身の思想の概要を比較的わ

かりやすく述べているとともに、本書がククリックに捧げられている理由や、自身のキャリアの変遷などについても述べていて興味深い。英文を読む苦労はあるかもしれないが、本書とあわせて読まれることをお勧めしたい記事である。

（7） ミリカンは、自身をセラーズの娘に、ブランダムをセラーズの息子にたとえて次の論文を書いている。Millikan, R., "The Father, the Son, and the Daughter: Sellers, Brandom, and Millikan", *Pragmatics and Cognition*, vol. 13, no. 1 (2005), pp. 59-71.

（8） Kuklick, B, *A History of Philosophy in America: 1720-2000*. Oxford University Press, 2002 の p. 95.（大厩諒・入江哲朗・岩下弘史・岸本智典訳『アメリカ哲学史――一七二〇年から二〇〇〇年まで』勁草書房、二〇二〇年、一三九頁）

著者略歴

ロバート・ブランダム（Robert Boyce Brandom）

1950年ニューヨーク生まれ。1972年にイェール大学を卒業後、1977年にプリンストン大学にてリチャード・ローティとデイヴィッド・ルイスのもとで哲学の博士号（Ph. D.）を取得。1976年にピッツバーグ大学の哲学科助教授に就任し、1991年に正教授に昇進。現在は同大学の哲学特別教授（Distinguised Professor of Philosophy）を務める。ピッツバーグ学派として知られる分析哲学の一潮流を主導する第一人者であり、英語圏におけるヘーゲル再興の立役者としても知られている。前者に関する主著に「推論主義」の立場を打ち出した『明示化』（*Making It Explict*, 1994）、後者に関する主著に『信頼の精神』（*A Spirit of Trust*, 2019）がある。現代におけるプラグマティズムの代表的論者でもあり、本書はそれに関する論文をまとめたものである。

訳者略歴

加藤隆文（かとう・たかふみ）

1985年京都生まれ。京都大学大学院文学研究科博士後期課程修了。博士（文学）。大阪成蹊大学芸術学部講師。論文に「分析プラグマティズムからの提案――分析美学の問い直しのために――」（『美学』254号、2019年）、“A Peircean Revision of the Theory of Extended Mind”（*Cognitio*, v. 16, n. 1, 2015）、「パース思想を踏まえた「芸術の人類学」の展開可能性」（『美学』242号、2013年）など、単訳にシェリル・ミサック著『プラグマティズムの歩き方――21世紀のためのアメリカ哲学案内』上下巻（勁草書房、2019年）がある。

田中　凌（たなか・りょう）

1991年静岡生まれ。米国コネチカット大学哲学科 Ph. D. 課程在籍。同大学 M. A. 課程修了。京都大学大学院文学研究科博士前期課程修了。修士（文学）。M. A.（Philosophy）。論文に“Hume on Non-Human Animals, Causal Reasoning, and General Thoughts”（*Southern Journal of Philosophy*, forthcoming）がある。

朱　喜哲（ちゅ・ひちょる）

1985年大阪生まれ。大阪大学大学院文学研究科博士後期課程修了。博士（文学）。大阪大学社会技術共創研究センター招へい教員ほか。論文に「ジェノサイドに抗するための、R. ローティ「感情教育」論再考」（『待兼山論叢』51号、2017年）、共著に『信頼を考える――リヴァイアサンから人工知能まで』（勁草書房、2018年）などがある。

三木那由他（みき・なゆた）

1985年神奈川生まれ。京都大学大学院文学研究科博士後期課程修了。博士（文学）。大阪大学大学院文学研究科講師。主な論文に「意図の無限後退問題とは何だったのか」（『科学哲学』52巻1号、2019年）、「意図基盤意味論に基づく話者意味の分析はなぜ誤っているのか」（*Contemporary and Applied Philosophy*, Vol. 5, 2014）、著書に『話し手の意味の心理性と公共性』（勁草書房、2019年）、『シリーズ新・心の哲学Ⅰ　認知篇』（共著、勁草書房、2014年）がある。

事項索引

【カ行】

【サ行】

【タ行】

【マ行】

【ヤ行】

【ラ行】

人名索引

【マ行】

【ラ行】

【ワ行】

現代プラグマティズム叢書　第4巻
プラグマティズムは
どこから来て、どこへ行くのか　下巻

2020年10月20日　第1版第1刷発行

著　者　ロバート・ブランダム
訳　者　加《か》藤《とう》隆《たか》文《ふみ》
田《た》中《なか》　凌《りょう》
朱《ちゅ》　喜《ひ》哲《ちょる》
三《み》木《き》那《な》由《ゆ》他《た》
発行者　井　村　寿　人

発行所　株式会社　勁《けい》草《そう》書　房
112-0005 東京都文京区水道2-1-1　振替 00150-2-175253
（編集）電話 03-3815-5277／FAX 03-3814-6968
（営業）電話 03-3814-6861／FAX 03-3814-6854
平文社・松岳社

ISBN978-4-326-19981-5　　Printed in Japan